## 尖閣に向き合う海上保安庁

中国海警船を警戒監視する海上保安庁の巡視船

## 神業的な海上保安庁の操船技術

▲香港の活動家らを乗せた啓豊二號

▶尖閣諸島上陸後に逃亡を図る啓豊二號を
両側から挟んで動きを止める２隻の巡視船

出典：『海上保安レポート 2013

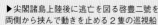

# 訓練に励む海上保安庁の隊員たち

テロ対策訓練

救難訓練

火災訓練

潜水救難訓練

特救隊、流氷の中での訓練

特救隊、水中訓練

# 世界中の海上保安組織との連携

インド沿岸警備隊との長官級会合開催
(2020 年、インド・デリー)

米国沿岸警備隊との長官級会合開催
(2019 年、日本・東京)

フィリピン沿岸警備隊との長官級会合開催
(2022 年、日本・東京)

世界海上保安機関長官級会合（CGGS)。2017 年から開催（第 3 回、日本・東京）86 カ国・1 地域 96 海上保安機関等

アジア海上保安機関長官級会合(HACGAM)。2004年から開催(第18回、インド・ニューデリー)22カ国・1地域・2機関

北太平洋海上保安フォーラム（NPCGF)。2000 年から開催（第 20 回、ロシア・ウラジオストク）6 カ国

# 海上保安庁、自衛隊との連携①

海賊対処：護衛艦に同乗している海上保安官

海賊対処：護衛艦上での海賊引継ぎ訓練

不審船共同対処：巡視船へのヘリコプター離発着訓練

不審船共同対処：護衛艦との共同追跡・監視訓練

海上自衛隊艦艇による潜水捜索への支援
（令和３年５月今治沖貨物船沈没事案）

# 海上保安庁、自衛隊との連携②

令和３年12月実施

令和４年６月実施

自衛艦から巡視艇への燃料補給

無操縦者航空機に係る連携

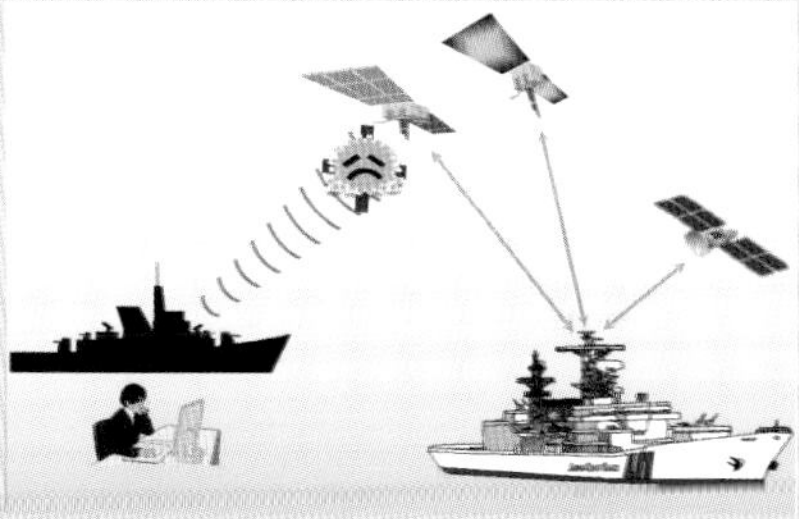

情報通信の強靭化に係る連携

# アジア・オセアニア地域の主なコーストガード

インド

インドネシア

オーストラリア

シンガポール

タイ

パラオ

フィリピン

ベトナム

マレーシア

韓国

台湾

中国

日本

# 欧州・北米の主なコーストガード

アイスランド

アメリカ

イギリス

イタリア

エストニア

カナダ

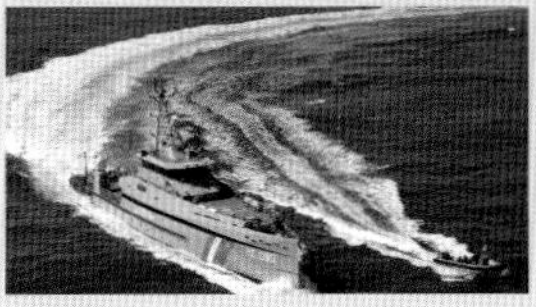
ギリシャ

スペイン

ドイツ

ノルウェー

フランス

ベルギー

ポーランド

ポルトガル

ロシア

PLH32

JAPAN COAST GUARD
PLH 32

# 知られざる海上保安庁 安全保障最前線

元海上保安庁長官
奥島高弘

ワニブックス

# はじめに

海上保安庁という組織の実態は正直なところ、あまり世間に知られていないと思います。

確かに『海猿』『DCU』などの漫画、映画、ドラマ等の人気作品の影響で知名度が上がり、海難救助の仕事をしている組織だということは理解してもらえていると思います。

また、いわゆる尖閣《せんかく》問題をめぐる新聞・テレビの報道等で領海警備の仕事をしている組織だということも多くの国民に知ってもらえていると思います。

しかし、海上保安庁が、実際にどれくらいの予算で、どれくらいの人員がいて、どれくらいの守備範囲の仕事をしているのか、有事の際にはどのような対応をするのか、といった運用の実態についてはほとんど知られていません。

特に最後に挙げた「有事の際にはどのような対応をするのか」については、さまざまな〝誤解〟をもとにした議論が散見されます。

しかも、安全保障に関心の高い人たちほどそうした〝誤解〟をしている傾向があるように思われます。

日本は島国です。

ご存じの通り、日本は、尖閣諸島における中国の領海侵入の問題や、韓国との竹島をめぐる問題、ロシアとの北方領土問題など、さまざまな問題を抱えています。我が国を取り巻く安全保障環境は年々厳しいものとなっており、日本の周辺海域は常に紛争の火種を抱えているといっても過言ではありません。

その最前線で対応しているのが海上保安庁です。

海上保安庁が〝誤解〟されたままでは、日本の安全保障をめぐる議論そのものが誤った方向に進んでしまうおそれがあります。

当然のことながら、それは日本の国益を考えた場合プラスになりません。

海上保安庁にまつわるさまざまな誤解を解いた上で、組織運営の実態を知ってもらい、地に足の着いた国家安全保障の議論をしてもらいたい――それが本書を執筆した大きな動機のひとつです。

私は令和2（2020）年1月から令和4（2022）年6月末までの2年半、海上保安庁長官を務めました。その間、最重要課題として取り組んできたのは、もちろん尖閣問題です。

そもそも尖閣問題が大きくクローズアップされたのは平成24（2012）年9月に日本が尖閣諸島3島を国有化したことがきっかけですが、その当時も、私は海上保安庁警備救難部警備課の領海警備対策官という、まさに尖閣問題を担当するポジションにいましたので、ただちに現場に飛び、洋上の指揮船の上で中国側と丁々発止、対峙《たいじ》していました。

本書では、そのように国家間の争いの最前線に身を置いた経験から、巷《ちまた》の議論では見落とされがちな、海上保安庁が安全保障環境に果たす重要な役割を述べています。

本書を通じて、一人でも多くの国民の皆様に海上保安庁という組織の実態を知っていただき、これからの日本の安全保障のあり方を考えていく一助となれば幸いです。

## 第一章　国民みんなに知ってほしい海保の実態

# 第二章

# 海保を軍事機関にするべきか

# 第二章

# 海保と自衛隊の連携・協力

# 第四章 海上保安分野で世界をリードする海保

# 第五章 海保は〝絶対〟に負けられない

# 第一章

# 国民みんなに知ってほしい海保の実態

## 日本のEEZは日本が勝手に主張しているだけ？

日本は四方を海に囲まれた島国です。

陸地では外国と接していないので、当然、外国との境界は海上にあります。

すなわち、領海の外側に広がるＥＥＺ（排他的経済水域：天然資源の探査・開発等を含む経済的活動についての主権的権利や、海洋の科学的調査、人工構築物等の設置・利用、海洋環境の保護・保全等についての管轄権が沿岸国に認められている水域）の外縁が外国との境界になるわけです。

あえて乱暴な言い方をすると、実は日本のＥＥＺは、日本政府が「ここまでの範囲が我が国のＥＥＺです」と勝手に宣言しているだけであって、国連海洋法条約上画定したラインではありません。

海洋法の国際的な法秩序の基礎をなしている国連海洋法条約（正式名称「海洋法に関する国際連合条約」）では、排他的経済水域は、領海の外側に、基線（海面がいちばん低い時に陸地

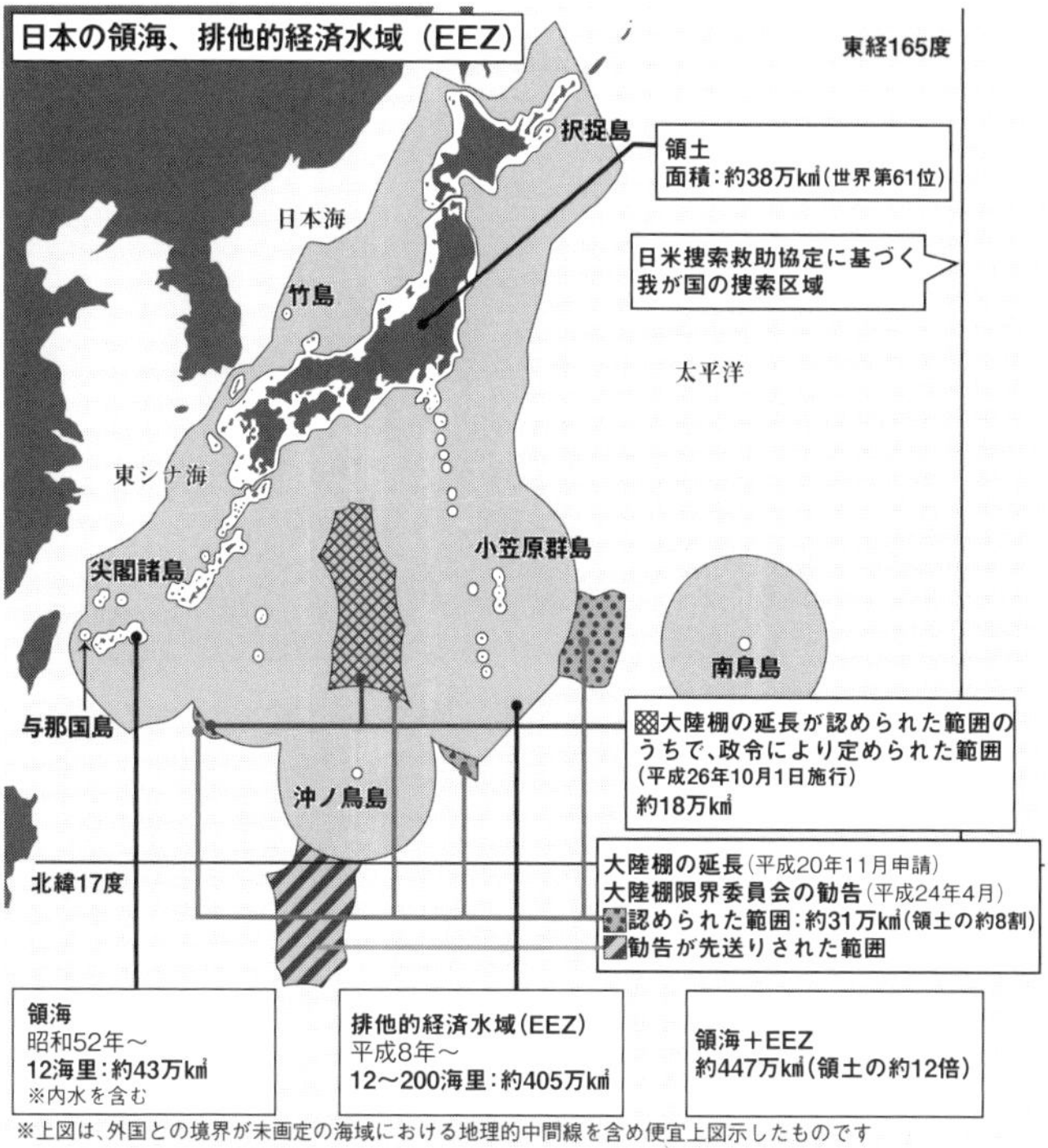


※上図は、外国との境界が未画定の海域における地理的中間線を含め便宜上図示したものです

※『海上保安レポート2023』をもとに作成

と水面の境界となる線）から２００海里（約３７０㎞）を超えない範囲内で設定が認められています。

一方、相対する２国間の海域が４００海里に満たない場合、すなわちお互いが２００海里を主張すると真ん中で重なってしまうような場合には、公平な解決を達成するために国際法に基づいて合意により境界を画定するよう規定されています（同条約第74条）。

つまり、相対する国同士で

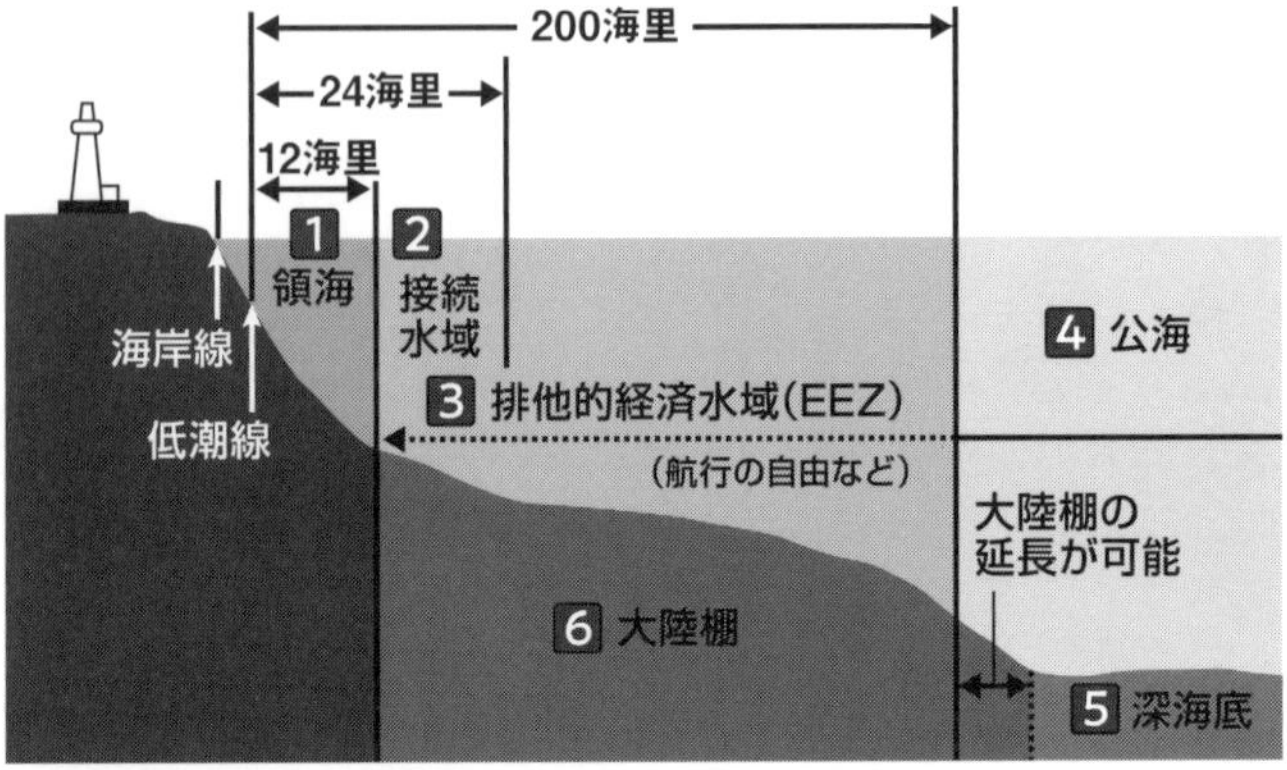


領海・排他的経済水域等模式図
※『海上保安レポート2023』をもとに作成

話し合って境界を決めなければならないわけです。

日本の場合、中国・ロシア・韓国との間に、それぞれ尖閣諸島・北方四島・竹島の問題を抱えていますから、この話し合いは決着がついていません。つまり国連海洋法条約上その3国との間において、境界は画定していないことになります。

すなわち、日本の周辺海域は常に紛争の火種を抱えているということです。

また、これらの問題以外にも、日本の周辺海域では、日本海の大和堆《やまとたい》（日本海中央部の堆）をはじめとする外国漁船による違法操業問題、あるいは外国調査船の我が国の同意を得ない海洋調査活動、そして日本漁船の被拿捕《だほ》・被銃撃さらには不正薬物の密輸などさまざまな事案が発生しています。

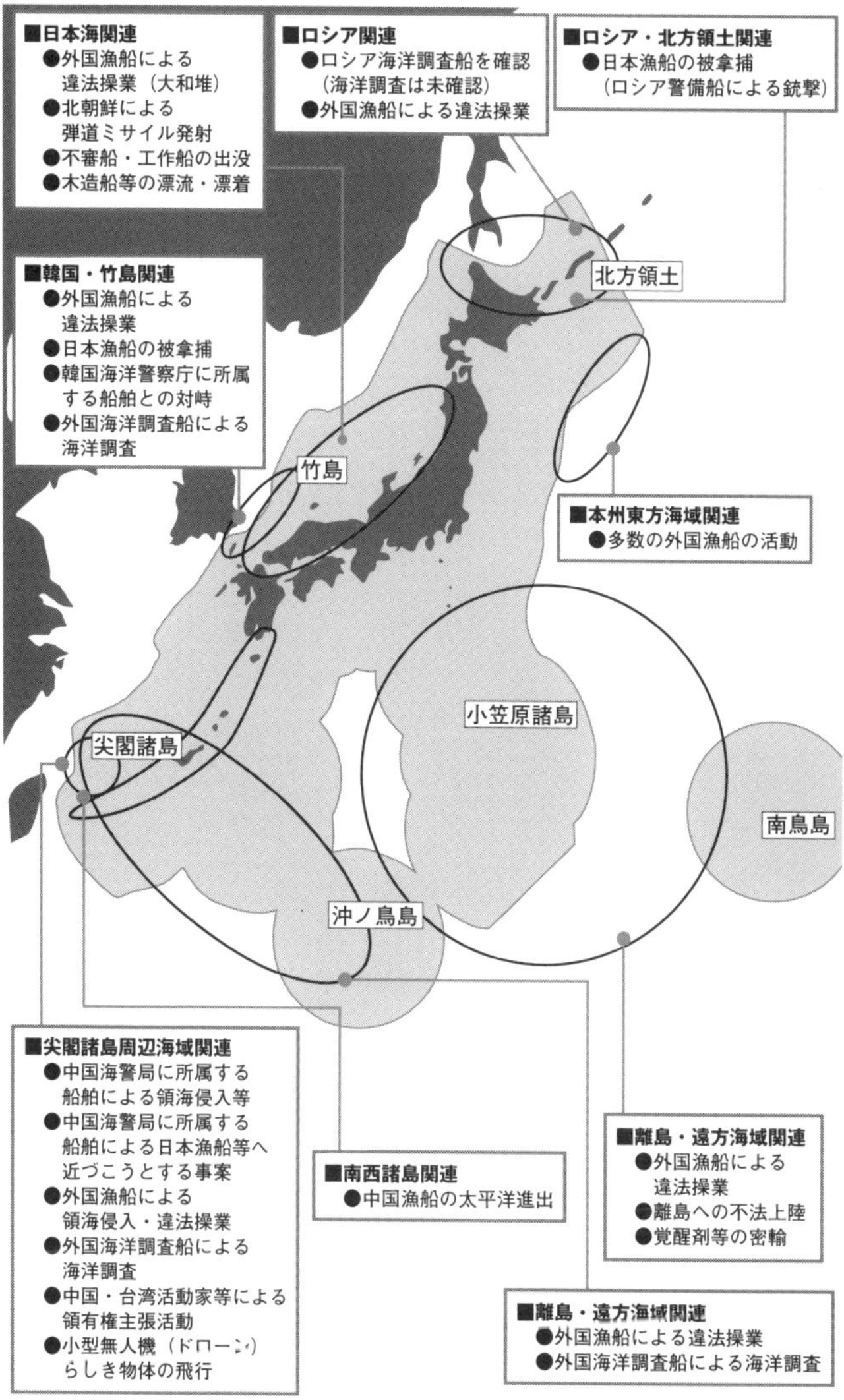
■日本海関連
●外国漁船による違法操業（大和堆）
●北朝鮮による弾道ミサイル発射
●不審船・工作船の出没
●木造船等の漂流・漂着
■ロシア関連
●ロシア海洋調査船を確認（海洋調査は未確認）
●外国漁船による違法操業
■ロシア・北方領土関連
●日本漁船の被拿捕（ロシア警備船による銃撃）
北方領土
■韓国・竹島関連
●外国漁船による違法操業
●日本漁船の被拿捕
●韓国海洋警察庁に所属する船舶との対峙
●外国海洋調査船による海洋調査
竹島
■本州東方海域関連
●多数の外国漁船の活動
小笠原諸島
尖閣諸島
南鳥島
沖ノ鳥島
■尖閣諸島周辺海域関連
●中国海警局に所属する船舶による領海侵入等
●中国海警局に所属する船舶による日本漁船等へ近づこうとする事案
●外国漁船による領海侵入・違法操業
●外国海洋調査船による海洋調査
●中国・台湾活動家等による領有権主張活動
●小型無人機（ドローン）らしき物体の飛行
■南西諸島関連
●中国漁船の太平洋進出
■離島・遠方海域関連
●外国漁船による違法操業
●離島への不法上陸
●覚醒剤等の密輸
■離島・遠方海域関連
●外国漁船による違法操業
●外国海洋調査船による海洋調査

日本の周辺海域で発生している諸問題　※『海上保安レポート2023』をもとに作成

海上保安庁は、こうした海上の多種多様な問題に最前線で対応し、24時間365日体制で、今この瞬間も日本の海を守っているのです。

## 海上保安庁の予算、定員は十分か？

日本は、447万㎢（国土面積38万㎢の実に約12倍）にも及ぶ広大な領海とEEZを有する世界屈指の海洋国家です。国土面積では世界第61位ですが、領海・EEZを含めた総水域面積では世界第6位になります。

では、その広大な海洋権益を守る海上保安庁の予算と人員がどの程度の規模なのかご存じでしょうか。

予算は2431億円（令和5年度予算）、定員は1万4681人です。

海上保安庁では、全国を11の管区に分け、この予算と定員、そして保有する船艇474隻、航空機92機でもって、日本周辺の海上の治安維持と安全確保に努めています（数字はいずれも『海上保安レポート2023』より）。

各管区と海上保安本部　※『海上保安レポート 2023』をもとに作成

| 新安保戦略を踏まえた海上保安能力の強化 | | | |
|---|---|---|---|
| 増強整備 | 巡視船 | ヘリコプター搭載型巡視船(PLH型) | 3隻(うち1隻※) |
| | | 国際業務対応・練習船 | 1隻※ |
| | | 大型練習船 | 1隻 |
| | | 3500トン型巡視船(PL型) | 7隻(うち2隻※) |
| | | 1000トン型巡視船(PL型) | 2隻 |
| | 航空機 | 大型ジェット機 | 1機 |
| | | 中型ヘリコプター | 9機(うち3機※) |
| | | 合計 | 14隻(うち4隻※)<br>10機(うち3機※) |
| | 航空機 | 無操縦者航空機（リース） | 3機(うち2機※) |
| 代替整備 | 巡視船艇等 | ヘリコプター搭載型巡視船(PLH型) | 2隻 |
| | | 小型巡視船（PS型） | 1隻 |
| | | 大型巡視艇（PC型） | 1隻 |
| | | 小型巡視艇（CL型） | 2隻※ |
| | | 小型測量船（HS型） | 1隻※ |
| | 航空機 | 中型ヘリコプター | 3機 |
| | | 合計 | 7隻(うち3隻※)<br>3機 |

令和５年度の船艇・航空機の整備状況（出典：『海上保安レポート2023』）
※令和４年度補正予算または令和５年度予算で着手したもの

もっとも、このような数字を並べられたところで、その規模感についてはいまひとつピンとこないでしょう。

よく対比されるのは、同じく日本の海を守る海上自衛隊ですが、海上保安庁は、予算も定員も海上自衛隊の規模には到底及びません。海上自衛隊の令和5年度予算は1兆6467億円、定員は4万5141人（防衛省HP「我が国の防衛と予算―令和5年度概算要求の概要―」より）であり、航空機の数も倍以上違います。

同じ法執行機関（警察機関）である警察庁と比較しても、定員の面では都道府県警察トップ3の警視庁（4万3486人）、大阪府警（2万1474人）、神奈川県警（1万5703人）には敵《かな》いません。第4位の愛知県警（1万3554人）よりは少し多いというくらいの規模です（『令和4年版警察白書』より。都道府県別の警察官の定員数）。

このように比較すると、海上保安庁が役所としてはそれほど大きくない組織だということがおわかりいただけると思います。

とは言え、船艇188隻、定員1万人未満で、航空機もなかった1948年の発足当初と比べれば、海上保安庁の勢力は大きく伸びてきました。それだけ、時代とともに海上保安庁の担う役割が大きくなってきたとも言えます。

実際、令和5年度の予算に関しては、令和4（2022）年12月に決定された新たな国家安全保障戦略を踏まえた「海上保安能力強化に関する方針」に基づき、過去最大の金額及び増額（前年度予算より200億円増）となり、メディア等でも注目されました。

近年の海上保安庁の予算は毎年数パーセント程度の伸び率（20〜30億円）で増額し続けてきましたが、令和5年度は実に10％近い伸び率です。しかも、今後も増額される予定であり、令和9（2027）年度当初予算を令和4年度水準の2231億円からおおむね1000億円程度増額することが決まっています。つまり、年平均では200億円の増額となり、これまでとはまさに桁違《けたちが》いに予算が伸びていくというわけです。

現時点では、世界第6位の広さのEEZの海洋権益を守っていくには、予算・勢力ともにまだ十分とは言えないのが正直なところですが、今後はそれにふさわしい規模の組織に成長していくことが期待できます。

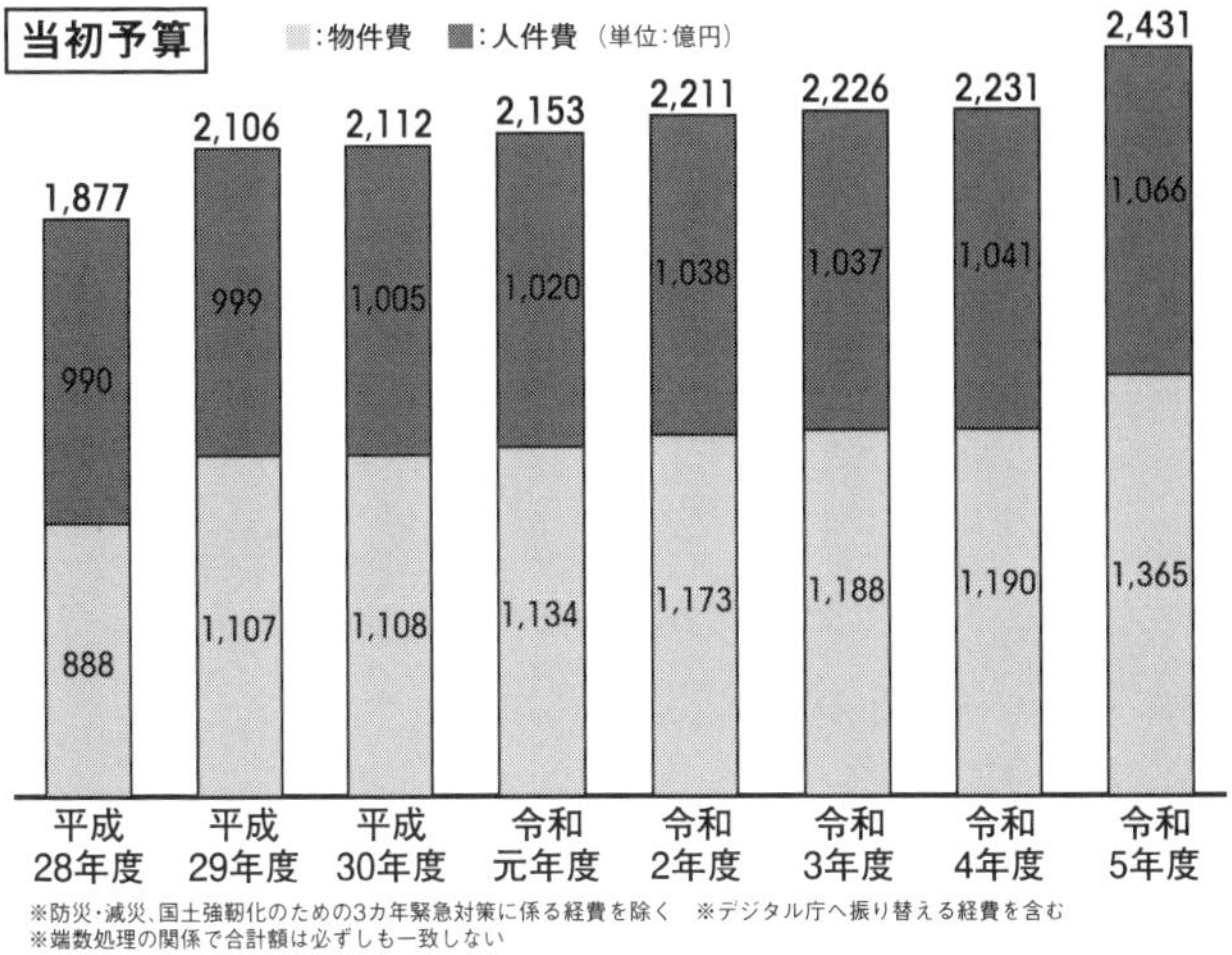

※防災・減災、国土強靭化のための3カ年緊急対策に係る経費を除く　※デジタル庁へ振り替える経費を含む
※端数処理の関係で合計額は必ずしも一致しない

海上保安庁の予算の内訳推移

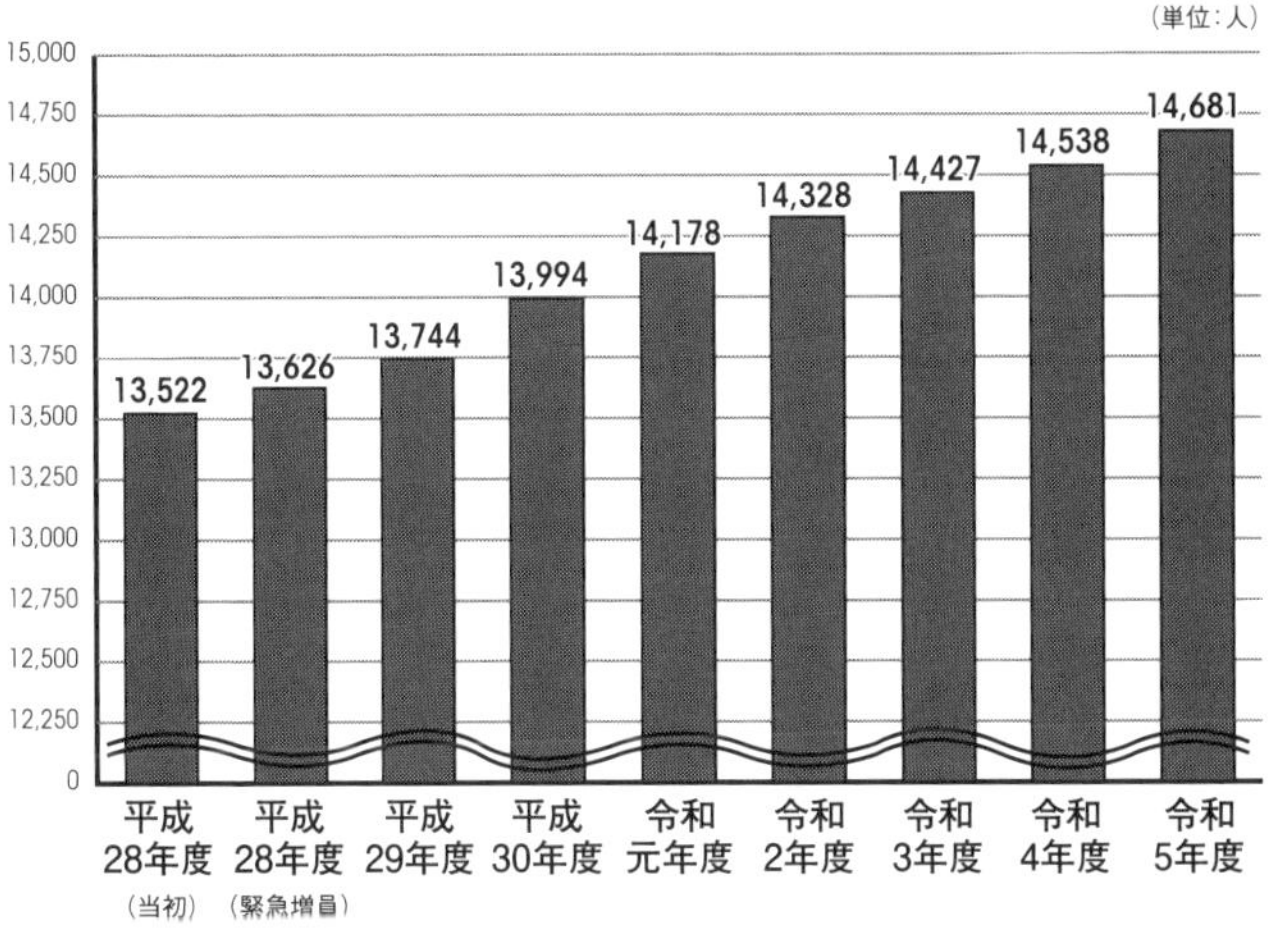


海上保安庁の定員の推移
※「令和５年度海上保安庁関係予算概要」（https://www.kaiho.mlit.go.jp/soubi-yosan/nyusatsu/koukoku/201502/shiyousyo/R5yosanketteigaiyou.pdf）をもとに作成

### ◆令和５年度の予算

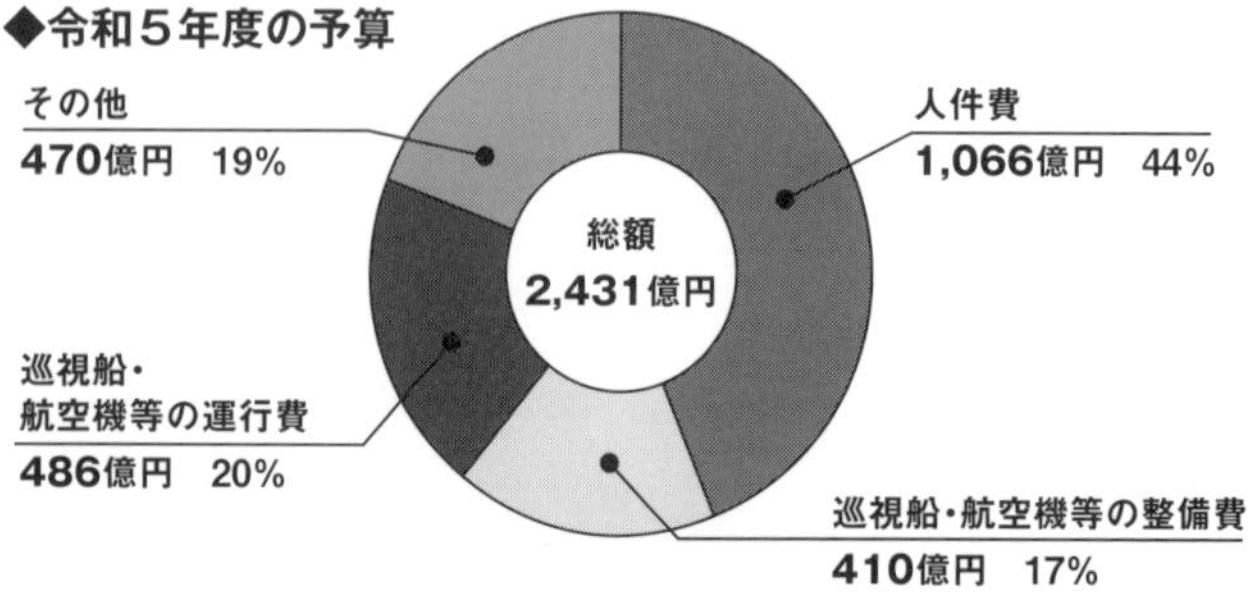


| その他（内訳） | | |
|---|---|---|
| 船舶交通安全基盤整備事業（公共事業） | 212億円 | 8.7% |
| 海洋調査経費 | 16億円 | 0.7% |
| 官署施設費 | 46億円 | 1.9% |
| 維持費等一般経費 | 195億円 | 8.0% |

※デジタル庁へ振り替える経費（16億円）を含む

### ◆令和５年度の予算の重点事項

（単位：億円）

| 1. 新安保戦略を踏まえた海上保安能力の強化 | 1,113.2 |
|---|---|
| (1)新たな脅威に備えた高次的な尖閣領海警備能力 | 194.6 |
| (2)新技術等を活用した隙のない広域海洋監視能力 | 138.0 |
| (3)大規模・重大事案同時発生に対応できる強靭な事案対処能力 | 2.7 |
| (4)戦略的な国内外の関係機関との連携・支援能力 | 2.7 |
| (5)海洋権益確保に資する優位性を持った海洋調査能力 | 16.0 |
| (6)強固な業務基盤能力 | 759.1 |

| 2.国民の安全・安心を守る業務基盤の充実（再掲を除く） | 80.7 |
|---|---|
| (1)知床遊覧船事故を受けた救助・救急体制の強化（再掲を含む） | 3.6 |
| (2)治安・救難・防災業務の充実 | 13.7 |
| ①装備資器材等の充実・強化 | 7.3 |
| ② G7広島サミットへの対応 | 6.5 |
| (3)海上交通の安全確保 | 41.2 |
| (4)防災・減災、国土強靭化の推進 | 25.8 |

※端数処理の関係で、合計額は必ずしも一致しない

令和５年度海上保安庁の予算の内訳（出典：『海上保安レポート2023』）

## ステータス上がる海保

海上保安庁は、海上の安全と治安の確保を図ることを任務とする法執行機関です。密輸や密漁等の海上犯罪の取締りのほか、領海警備や海難救助、海洋環境の保全、航行管制等の船舶交通の安全確保、海洋調査など幅広い業務を行っています。

また、有事（日本に対する武力攻撃等で防衛出動や治安出動が発令されるような事態）の際に、内閣総理大臣が特別の必要があると認める場合には、防衛大臣の統制下に入り、住民の避難・救援といった国民保護措置や、海上における人命の保護等の役割を果たすことになっています。

尖閣をはじめとする近年の安全保障環境の厳しさを背景に政府内部、政権内における海上保安庁の役割や評価は、以前とは比べものにならないほど高まりました。

前述の予算の大幅な増額からもそれは明らかですが、別の角度からその事実を端的に表す指標があります。長官が首相官邸に行く（総理に面会する）頻度です。

ご存じの通り、官邸では日本にとって重要な意思決定が行われています。つまり、重要案件に関わっている役所のみが足を運ぶ場所なのです。

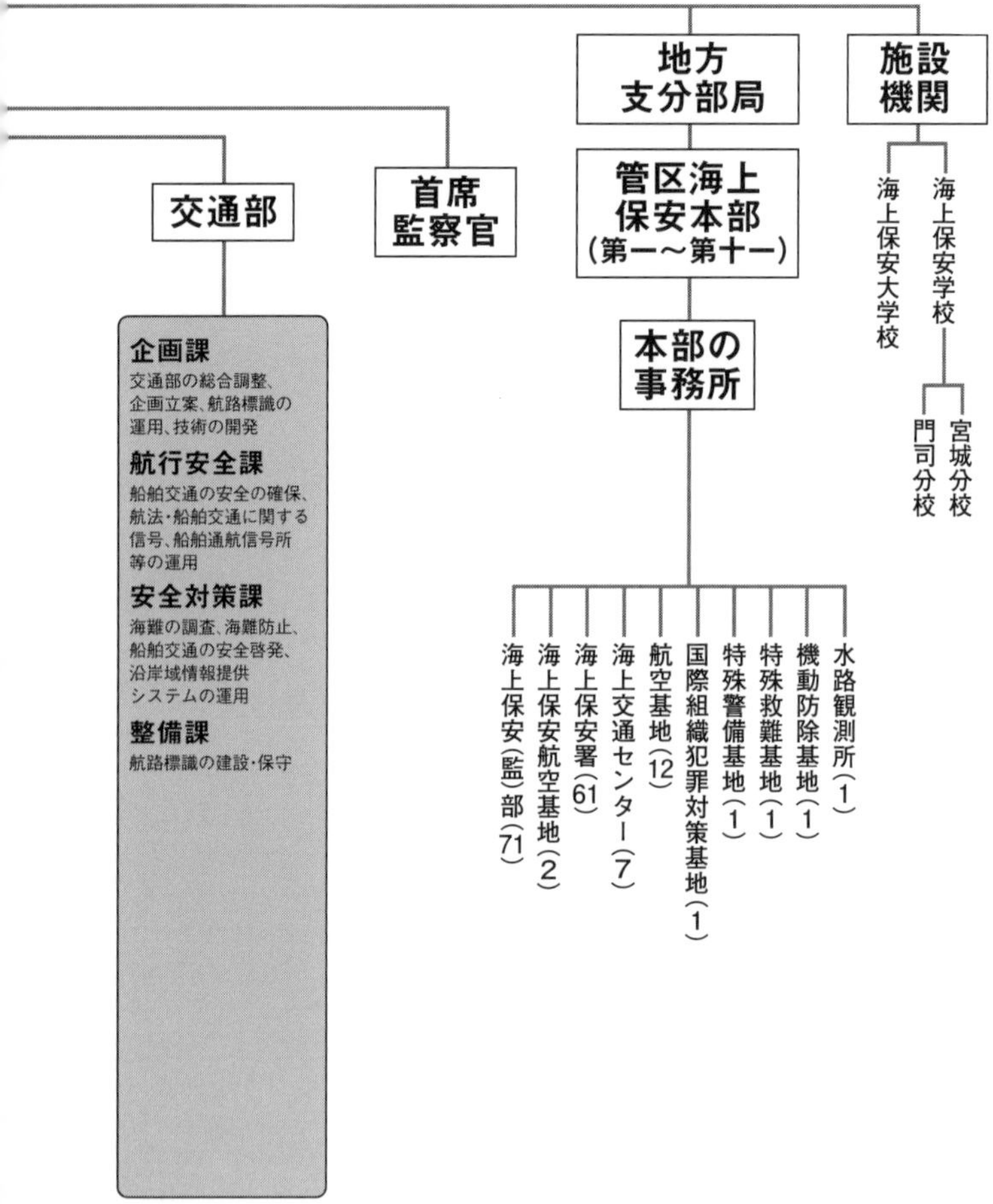
地方
支分部局
施設
機関
交通部
首席
監察官
管区海上
保安本部
(第一～第十一)
海上保安大学校
海上保安学校
本部の
事務所
門司分校
宮城分校
企画課
交通部の総合調整、
企画立案、航路標識の
運用、技術の開発
航行安全課
船舶交通の安全の確保、
航法・船舶交通に関する
信号、船舶通航信号所
等の運用
安全対策課
海難の調査、海難防止、
船舶交通の安全啓発、
沿岸域情報提供
システムの運用
整備課
航路標識の建設・保守
海上保安(監)部(71)
海上保安航空基地(2)
海上保安署(61)
海上交通センター(7)
航空基地(12)
国際組織犯罪対策基地(1)
特殊警備基地(1)
特殊救難基地(1)
機動防除基地(1)
水路観測所(1)

## 海上保安庁機構図

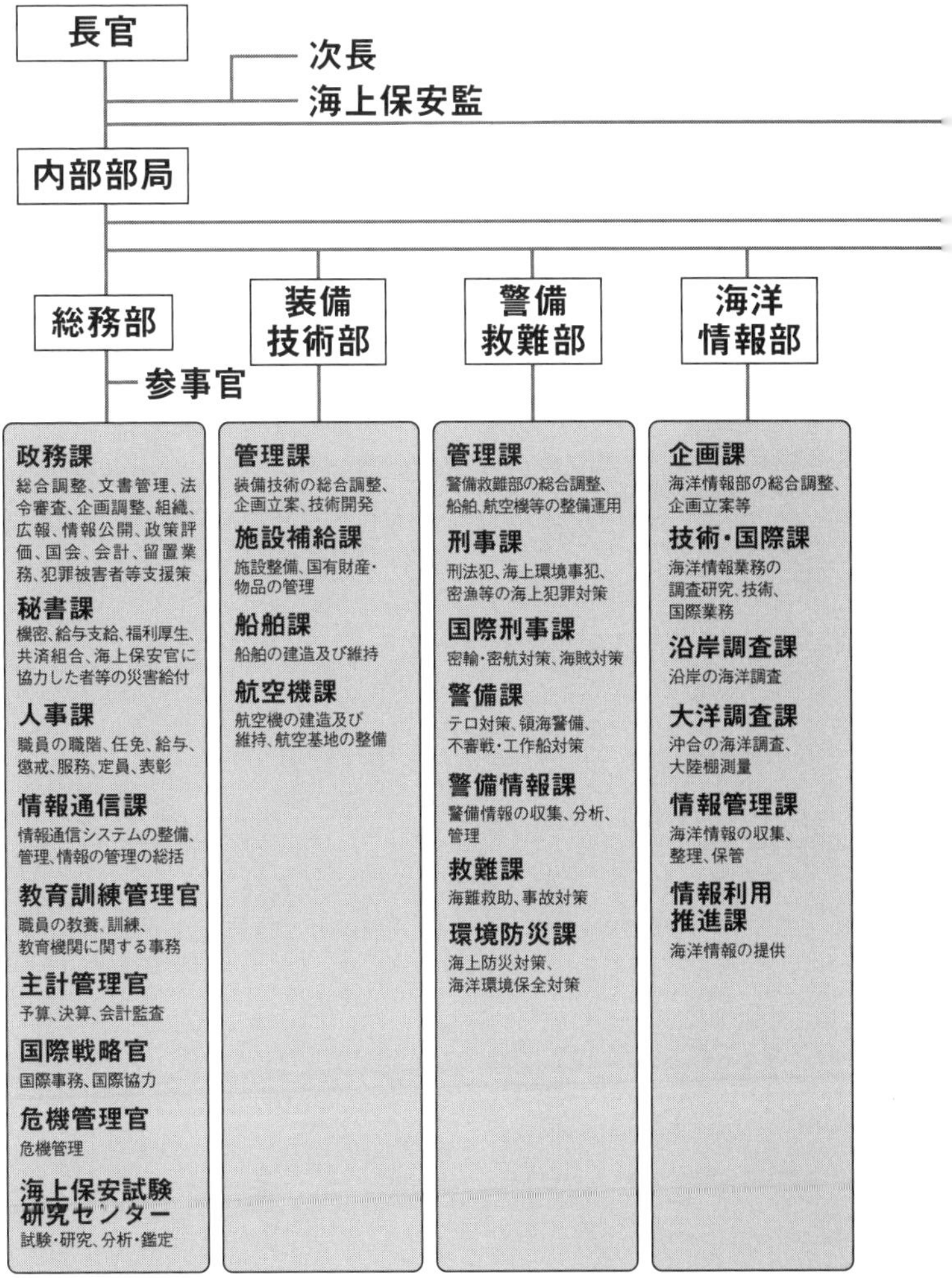
長官
次長
海上保安監
内部部局
総務部
参事官
政務課
総合調整、文書管理、法令審査、企画調整、組織、広報、情報公開、政策評価、国会、会計、留置業務、犯罪被害者等支援策
秘書課
機密、給与支給、福利厚生、共済組合、海上保安官に協力した者等の災害給付
人事課
職員の職階、任免、給与、懲戒、服務、定員、表彰
情報通信課
情報通信システムの整備、管理、情報の管理の総括
教育訓練管理官
職員の教養、訓練、教育機関に関する事務
主計管理官
予算、決算、会計監査
国際戦略官
国際事務、国際協力
危機管理官
危機管理
海上保安試験研究センター
試験・研究、分析・鑑定
装備技術部
管理課
装備技術の総合調整、企画立案、技術開発
施設補給課
施設整備、国有財産・物品の管理
船舶課
船舶の建造及び維持
航空機課
航空機の建造及び維持、航空基地の整備
警備救難部
管理課
警備救難部の総合調整、船舶、航空機等の整備運用
刑事課
刑法犯、海上環境事犯、密漁等の海上犯罪対策
国際刑事課
密輸・密航対策、海賊対策
警備課
テロ対策、領海警備、不審戦・工作船対策
警備情報課
警備情報の収集、分析、管理
救難課
海難救助、事故対策
環境防災課
海上防災対策、海洋環境保全対策
海洋情報部
企画課
海洋情報部の総合調整、企画立案等
技術・国際課
海洋情報業務の調査研究、技術、国際業務
沿岸調査課
沿岸の海洋調査
大洋調査課
沖合の海洋調査、大陸棚測量
情報管理課
海洋情報の収集、整理、保管
情報利用推進課
海洋情報の提供

出典：『海上保安レポート2023』

私が長官秘書をしていた20数年前は、長官が官邸に行くことはほとんどありませんでした。一方、私が長官在職中は官邸に行くことがけっして珍しいことではなくなり、むしろ普通のことになっていました。また、総理以外の政権幹部等へは、長官のみならず、次長、海上保安監、担当部長、時には課長クラスも含め、頻繁に足を運んでいます。それほど海保のステータスが20数年前と比べて上がったということです。

さらに、海上保安庁は、内閣情報調査室をコアとする内閣のインテリジェンス体制「情報コミュニティ」にもしっかりと参画しています。

この分野で活躍しているのが、海上保安庁のインテリジェンス部門にあたる警備情報課という部署です。同課はさまざまな情報を収集・分析して政策判断に資する働きをしています。現場ではあまり目立たない部署ですが、中央では非常に大きな役割を果たしているのです。

## 海保の非軍事性を明確に規定する庁法25条は不要？

世間一般の海上保安庁に対する認知度や評価はどうでしょうか。

前述の海上保安庁の予算や勢力について、講演会などで一般の方に話をすると、よく「イメージしていたよりも意外と規模が小さいんですね」と言われます。

こうした反応に象徴されるように、海上保安庁はまだ多くの国民にとって「名前は知っている（あるいはニュースやドラマ・漫画などを通じて海難救助や領海警備の仕事をしていることは知っている）けれど、実態はあまり知られていない組織」なのでしょう。

これについては海上保安庁側ももっと発信力を強化して、国民の皆様に海上保安庁の実態について知ってもらう努力をしていく必要があると思います。

ただ、海上保安庁に対する世間の関心は、以前に比べて格段に高まっている実感はあります。

実際、私も退職後には「前海上保安庁長官」ということで、多くのマスコミから取材依頼を受けました。マスコミの関心はイコール国民の関心事です。それほど海上保安庁の考えや動向が国民的な関心事項になってきたのだと思いました（私が若かった頃の海上保安庁は、海上自衛隊と間違われるのが関の山というくらい超マイナーな組織でした）。

その一方で、海上保安庁に関するさまざまな〝誤解〟が世間に広がってしまっているという実感もあります。

たとえば、近年散見されるようになったのは次のような意見です。

「外国のコーストガード（沿岸警備隊）は一般的に軍事機関かそれに準ずる組織だ。しかし、日本の海上保安庁は非軍事の警察機関（法執行機関）だ。これは世界標準から見るとガラパゴス化している。海上保安庁を軍事機関（あるいは準軍事機関）にしなければ、中国の脅威にも対抗できないし、有事の際に自衛隊やアメリカとの連携もうまくいかない」

こうした意見には実はいくつか重大な誤解が含まれているのですが、一見もっともらしい内容なので、安全保障に関心が高い人ほどこうした意見に賛同しやすい傾向があるように思われます。

また、こうした意見を主張される方が決まって言及するのが海上保安庁法第25条（以下「庁法25条」）に関してです。

庁法25条というのは、海上保安庁の非軍事性を明確に規定しているものであり、次のように書かれています。

「この法律のいかなる規定も海上保安庁又はその職員が軍隊として組織され、訓練され、又は軍隊の機能を営むことを認めるものとこれを解釈してはならない」

海上保安庁を法執行機関から軍事機関に変えるべきだと主張する人たちの多くは、この庁法25条を削除すべきだと訴えています。すなわち、「海上保安庁法にこんな条文があるから海上保安庁を軍事機関にできない」さらに、「日本は世界から取り残されガラパゴス化している」という意見すらあります。ちなみに、庁法25条は「もう一つの憲法9条」とも呼ばれているそうです。

しかし、これも大きな誤解です。

庁法25条は、1948年の海上保安庁設立当初から存在する、海上保安庁の非軍事性を確認した規定です。これは本来当然のことを念押しする形で確認する、いわゆる「入念規定」であり、たとえこの規定がなくても、実は海上保安庁の非軍事性に変わりはありません。そもその話ですが、海上保安庁法に定められた任務や所掌事務の規定から見ても、海上保安庁が非軍事の法執行機関であることに疑いはありません。

つまり、庁法25条が存在しているがゆえに海上保安庁は軍事活動を禁じられているわけではなく、仮に庁法25条を削除したところで、海上保安庁の法的性格が変わる（法執行機関ではなくなる）わけでもないのです。庁法25条の存否のみを問う類の議論はナンセンスだと思います。

もちろん、領海警備を軍事機関が行うべきか、法執行機関が行うべきかという政策的な議論自体は国家の安全保障のあり方を左右する大変重要なものです。それを議論することに意味がないと言っているわけではありません。実際、「領海警備は国家の主権を守るものなので、法執行機関が行うのは適当ではない。軍事機関が行うべきだ」という主張もありますし、軍隊が領海警備の任務を担っている国もあります。

しかし、そうした国と同じようなやり方で、海上保安庁を軍事機関化して領海警備をすることが日本に適しているのか、国益にかなうのか、と言われると、私は疑問に思います。

日本は、国家間の紛争解決の手段として戦争を放棄している平和国家です。

また、法の支配に基づく「自由で開かれたインド太平洋（ＦＯＩＰ）」の実現を主導的に推し進めている国でもあります。

そんな日本の立場からしても、軍事機関ではない法執行機関が領海警備を行うことは最も適した対応であり、非常に大きなメリットがあると私は考えています。

逆に言うなら、海上保安庁を軍事機関にしてしまうと、その大きなメリットが失われ、デメリットのほうがむしろ大きくなると思われるのです。

なぜそう言えるのか。

その理由については、本書で私が世に訴えたいテーマのひとつでもあるので、本書全体を通じて詳しく述べていきたいと思います。

## 庁法25条があるのはソ連の陰謀？

ところで、庁法25条に関しては、もうひとつ大きな誤解があります。

それは、戦後日本の軍事力回復（海軍の復活）を恐れたソ連によって庁法25条が挿入されたという話です。

「ソ連に入れられた条文を後生大事にしているのはナンセンス」とも主張していますが、そもそもそれは事実ではありません。

庁法25条ができた背景には、海上保安庁設立当時の事情が大きく関係しています。

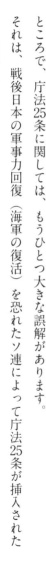

海上保安庁は第二次世界大戦後の1948年に設立されました。当時の日本は、灯台等の航路標識は破壊され、戦前に海上の治安の任務を負っていた海軍も解体されているという状況でした。そのため、日本周辺の海域は密輸・密航が多発し、海賊も横行する無法地帯となり、まさに「暗黒の海」と化していたのです。これに対処すべく設立されたのが海上保安庁というわけです。

当時の日本はまだGHQの統治下にあったため、GHQの承認なくして海上保安機関をつくることなどできません。

しかし、GHQ内ですら、海上保安庁の設立に肯定的な公安局と、海軍の復活を懸念する否定的な民政局で意見が分かれ、激論が交わされていました。

さらに、対日理事会や極東委員会でイギリス、ソ連、オーストラリアなど各国からも懸念が示されました。

こうした困難を乗りきるため、日本政府が海上保安庁の人員や装備などの大幅な制限を受け入れるとともに、GHQの総司令官マッカーサーが「職員は軍隊として組織されてはならず、いかなる規定も軍隊の機能を営むことを認めるものと解釈してはならない」という、非軍事を明示する条項をあらかじめ用意したのです。これが庁法25条のルーツです。

前述の通り、任務や所掌事務の規定から見ても、海上保安庁が非軍事の法執行機関であることに疑いはないのですが、あえて〝入念〟に庁法25条を規定することにより、軍事性を否定し、海上保安庁の設立を国際的に認めさせたというわけです。

おそらく、当時、ソ連の反対があまりに強かったことから、庁法25条はソ連によって挿入されたという誤解が生じたのだと思われます。ソ連は海上保安庁が発足する2日前まで、対日理事会や極東委員会において「海上保安庁が設置されるのは、日本海軍復活の前兆だ。武装して海軍の中核部隊になるのではないか」と反対していたそうです。

## 庁法25条の知られざる役割

海上保安庁設立当初はその時代背景から庁法25条が必要だったとしても、はたして状況が変わった現代においても必要なのでしょうか。

私は、現代においても庁法25条の存在意義、役割は十分にあると考えています。

役割の第一は、領海警備における戦略的コミュニケーションです。庁法25条は、海上保安庁が疑いなく非軍事組織の法執行機関であり、軍事的な活動を行わない組織であることを内外に広く示す役割を担っています。領海警備の第一線でそうした非軍事の法執行機関が対処することにより「事態は法とルールに基づいて解決すべきであり、我が国は軍事的解決を志向していない」という旨の国家意思を示すことができるわけです。

ちなみに、岸田文雄首相も、2022年11月28日の衆議院予算委員会において「海上保安庁法25条は、法にのっとり、事態をエスカレートさせることなく業務を遂行するという観点から、これは重要な規定であると認識をしています」と答弁しています。先に述べた庁法制定当時の特殊な事情も存在しない現代においてなお、我が国を取り巻く安全保障環境が厳しいがゆえに、非軍事の組織であることを明言している庁法25条の存在意義を肯定しました。

庁法25条の役割の第二は、東南アジア各国をはじめとする諸外国との信頼関係の醸成です。海上保安庁は長年にわたり、東南アジア各国へのキャパシティ・ビルディング（能力向上支援）を行ってきています。

特に近年は「法の支配」という共通の価値観を共有すべく、積極的に各国の海上法執行機関の設立支援や、さまざまなキャパシティ・ビルディングを行うとともに、22カ国1地域2機関が参加する「アジア海上保安機関長官級会合」も主導しています。

こうした国際的な活動を通じて、力でなく、法とルールが支配するインド太平洋の実現を説く非軍事の海上保安庁に対し、アジア各国から大きな信頼が寄せられています。

実際、東南アジアでは、軍の配下であった海上法執行機関が非軍事組織の配下へ移管されるなど、非軍事組織配下の海上法執行機関が大勢を占めるようにもなりました。ちなみに、世界のコーストガード（沿岸警備隊）においても、非軍事組織配下のものがけっして少なくはありません。

こうした海上保安庁への信頼は東南アジアの国々に留まりません。

海上保安庁はこれまで3回の「世界海上保安機関長官級会合」を主導し、開催しています。第3回は全ての大陸の87カ国と地域から96機関もの参加を得て、大きな成果をあげることができました。世界のコーストガードからも大きな支持を得ているわけです。

では、このような状況の中で、日本が庁法25条を撤廃するとどうなるでしょうか。

前述の通り、庁法25条を撤廃したからといって海上保安庁が即座に軍事機関に変わるわけではありません。しかし、「軍事機関化への第一歩」と見なされ、各国に不信感を与えてしまうおそれは十分にあります。この点については、海上保安庁を軍事機関化するデメリットとも関係する話なので、詳しくは後述いたします。

## 有事の際に「軍事目標」にならないために

庁法25条の役割の第三は、有事における国民の安全確保です。

有事下において、内閣総理大臣が特別の必要があると認める場合には、海上保安庁は自衛隊法第80条に基づいて防衛大臣の統制下に入り、住民の避難・救援といった国民保護措置や、海上における人命の保護等の役割を果たすことになっています。

しかし、その際に海上保安庁の巡視船等が「軍事目標」になってしまっては、国民の生命を守ることが難しくなります。

武力紛争時の被害をできる限り軽減することを目的とするジュネーヴ諸条約第1追加議定書では、軍事目標とは「軍事活動に効果的に資するものであって（中略）その時点における状況において明確な軍事的利益をもたらすものに限る」と定義されています（外務省ＨＰより）。

もちろん、軍事目標となるか否かはその時点でなければ判断できませんし、敵対国が条約の規定通りに行動してくれるかも明らかではありません。

しかし、巡視船等が軍事目標にされ、攻撃の目標にされる可能性をできる限り低くしておくことは重要です。

そのためには、実際に国民保護活動に従事する際に、国際条約に基づく特殊標章や身分証明書を使用するなどして、敵対国に認識させることも必要ですが、より重要なことは、有事にいたる前から一貫して海上保安庁は非軍事組織であること、軍事活動を行わない組織であることを内外に示しておくことです。

その役割を果たすものが庁法25条であり、それを裏付けるのが海上保安庁の日々の非軍事的な活動なのです。

このように庁法25条は今日においても大変重要な役割、つまり存在意義があると思われるのですが、そう言われたところで、おそらく庁法25条撤廃を主張する方たちは納得できないでしょう。彼らには「コーストガード（海上保安機関）は軍事機関であるべき」という彼らにとっての〝正解〟である揺るぎない大前提があるからです。

次章では、海上保安庁が法執行機関であることのメリット、海上保安庁を軍事機関にしてしまうことのデメリットについて具体的に述べていきます。

# 第二章

# 海保を軍事機関にするべきか

## 法執行機関が領海警備を行うメリット

前章で述べたように、近年の海上保安庁の役割や評価は、以前とは比べものにならないほど高まってきました。予算もこれまでとは文字通り「桁違い」のペースで増額されていくことが決定しています。その大きな要因として、いわゆる尖閣問題があることは言うまでもありません。

今さら説明は不要かもしれませんが、尖閣諸島とは、沖縄県石垣市に所在する、魚釣島、北小島、南小島、久場島、大正島、沖ノ北岩、沖ノ南岩、飛瀬などから構成される島々の総称です。

尖閣諸島に関する政府の公式見解は「歴史的にも国際法上も我が国固有の領土であり、日本は現にこれを有効支配している。解決しなければならない領有権の問題はない」というものです。

一方、中国や台湾は尖閣の領有権を主張しています。特に中国の海警局（沿岸警備隊）の船がほぼ毎日尖閣に来航し、領海侵入や日本漁船の追尾を繰り返しているのは皆さんもよくご存じの通りです。しかも年々その活動を活発化させています。

すなわち、「解決しなければならない領有権の問題はない」としても、「領有権を脅かす存在

## 尖閣諸島の概要

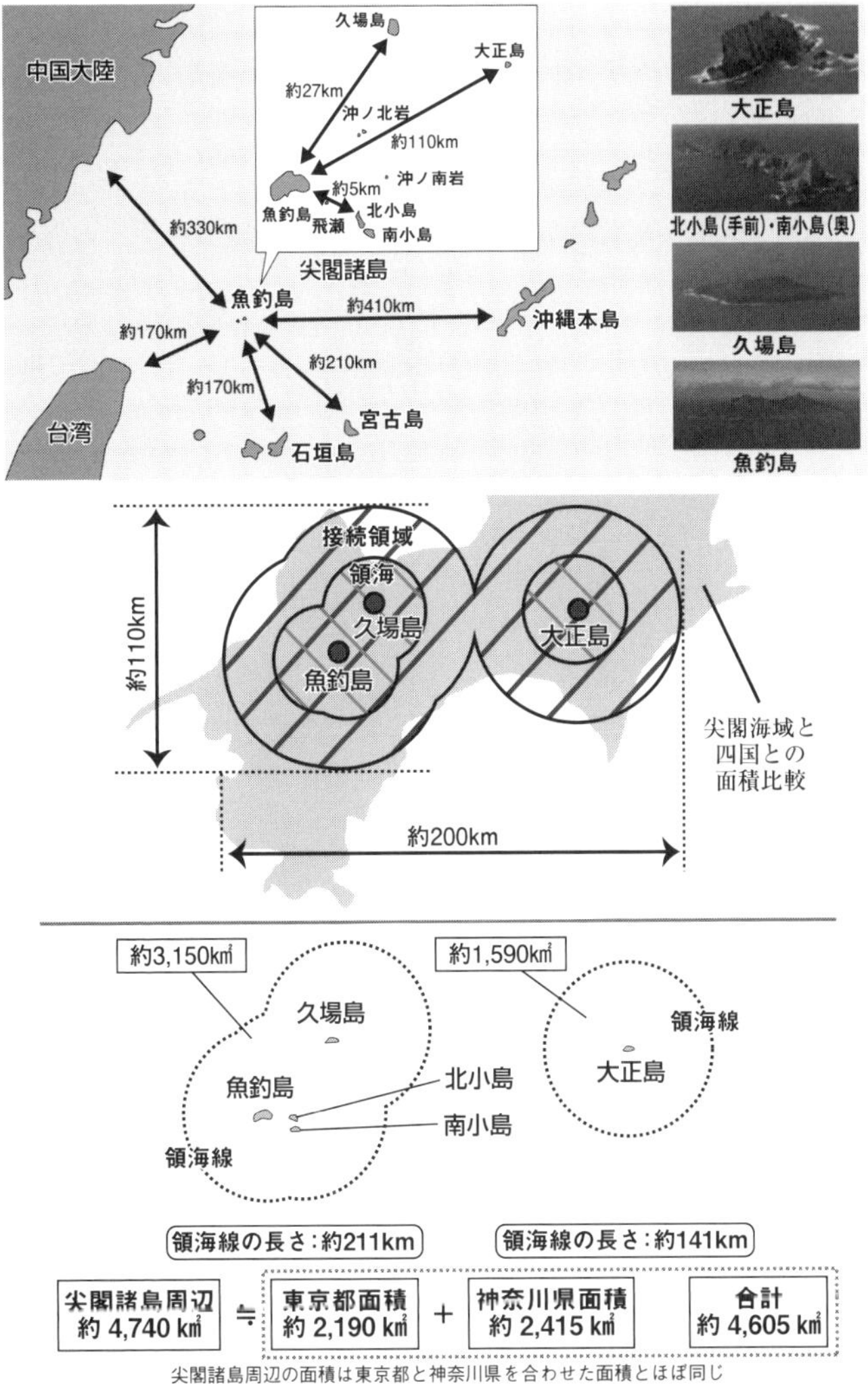

尖閣諸島周辺の面積は東京都と神奈川県を合わせた面積とほぼ同じ

※『海上保安レポート 2023』をもとに作成

がほぼ毎日来航し、それに対処しなければならないという問題」は現実に存在しているわけです。

この問題に対応しているのは、軍事機関とも評価される自衛隊ではなく、非軍事の法執行機関である海上保安庁です。海上保安庁が海上保安庁法の任務、所掌事務の規定に基づいて領海警備を行っています。

一方で「領海警備は国家の主権を守るものだから、法執行機関が行うのは適当ではない。軍事機関（あるいは準軍事機関）が行うべきだ」という意見もあります。そう考える方たちの多くは「海上保安庁を軍事機関にすべきだ」あるいは「いっそのこと海上自衛隊が領海警備を担ったらいい」とも主張しています。

確かに、外国では軍隊が領海警備を担っている国もあります。

しかし、実は軍事機関ではない法執行機関が領海警備を行うことには、大きなメリットがあるのです。

## 法執行機関の「緩衝機能」とは？

領土問題のように国家の主権が真っ向からぶつかり合う国家間の争いは、ナショナリズムに火がつきやすく、エスカレートしやすいものです。大きな紛争にもつながるおそれがあります。

こうした場面で軍隊がお互い角《つの》を突き合わせるような対応をしていては、ただごとでは済みません。事態をエスカレートさせることなく対処する、その任務を遂行できるのは法執行機関をおいて他にないと思います。

なぜそのように言えるのか。

法執行機関には「紛争回避に資する特性（緩衝機能）」があるからです。その特性により、法とルールに基づき、事態をエスカレートさせることなく対処することが可能になります。

次ページ表は海上保安大学校の廣瀬肇名誉教授が法執行機関であるコーストガードと軍事機関であるネイビーの違い・特徴を比較したものの一部です。

ここから法執行機関の「紛争回避に資する特性」というものを導き出すことができます。

**「コーストガード」と「ネイビー」の違い・特徴**

| 【コーストガード】 | 【ネイビー】 |
| --- | --- |
| •人と船への法執行 | •軍事目標の破壊・敵の殲滅 |
| •司法統制（最終的に裁判所の判断による） | •シビリアンコントロール |
| •国際紛争に関連しない | •国際紛争にリンク |
| •近隣諸国の疑惑を招かない | •近隣諸国からの猜疑に配慮 |
| •人命財産の保護・治安維持 | •直接侵略・間接侵略に対処 |
| •警察機関は政治的に中立 | •戦争は政治の延長（クラウゼビッツ） |
| •比例原則の適用 | •害敵手段に制限なし |
| •分散配置（保安部署に分散） | •先制と集中（艦隊行動） |
| •相対的に低コスト | •高コスト |

※廣瀬肇 海上保安大学校名誉教授による

⬇

**法執行機関の「紛争回避に資する特性（緩衝機能）」**

①法に基づく活動
②警察比例の原則
③火力の大きさ

特性の第一は「法に基づく活動」です。

法執行機関は、国際法・国内法に基づき行動します。

そのため、たとえば法執行機関同士が対峙する場合でも、両者の間には国際法という共通のルールがあるので、エスカレートしづらいという側面があります。

他方、軍隊は、国家権益を力で守るのが役目であり、力の強い者が正義の実力主義の世界です。お互い力と力の真っ向勝負であるため、やはり法執行機関同士に比べると、容易にエスカレートしやすい側面があります。

第二は「警察比例の原則」です。

法執行機関の活動は比例原則の制約を受け

ます。

比例原則というのは、ある侵害行為を防ぐために必要最小限度の力しか使えないという原則を指します。

つまり、軽微な犯罪、抵抗に対してミサイルを撃ち込むような強大な力を行使することは許されません。そのため、過大な力の行使になりにくく、大きな紛争にもつながりにくいのです。

これに対して、軍隊の活動は、自軍の被害を最小化して相手を破壊・殲滅《せんめつ》することが基本になるため、相手方に対し圧倒的な力を行使します。比例原則とは真逆の関係です。

第三は「火力の大きさ」です。

法執行機関が保有する武器は、相手を殲滅させるために使うものではなく、あくまでも犯人逮捕のために使うものです。犯人を逮捕し、裁判にかける〝手段〟として使うものですから、当然その火力は限定的であり、小さなものということになります。ミサイルやロケットランチャーなどの大火力はありません。人の抵抗を排除する、あるいは船の進行を阻止することができる程度の小規模の火力です。

他方、軍隊の火力は相手を殲滅するためのものであり、当然にその火力は大きくなります。

使用すると被害も甚大です。

したがって、仮に現場で法執行機関同士の衝突が起こったとしても、その被害は小さくて済み、大きな紛争にはつながりにくいのです。

このように法執行機関には紛争回避に資する特性があるので、国家間の主張が対立する局面では、事態をエスカレートさせないためにも、第一に執行機関による対処を選択すべきではないかと思います。

## 軍隊同士の衝突では死者多数！では法執行機関同士の場合は？

「本当に法執行機関にそんな特性があるのか？　机上の空論ではないのか？」と疑われるかもしれませんから、法執行機関同士の衝突は大きな紛争につながりにくいという事例を次に紹介しましょう。

中国とベトナムはこれまで何度か領土紛争を起こしています。

1974年1月に南シナ海の西沙《せいさ》（パラセル）諸島で起こった中国とベトナムの領土紛争では、両国とも軍隊（中国人民解放軍、ベトナム軍）を派遣しました。その結果、両国ともに18名、合計36名もの死者を出すという被害が発生しています。

また、1988年3月の南沙《なんさ》（スプラトリー）諸島の領土紛争でも両国は軍隊を派遣し、この時はベトナムが一方的に大きな被害を受け、実に74名もの死者を出しています。

いずれも軍隊同士の衝突では大きな被害を出す結果となりました。

これに対し、2010年の西沙諸島での紛争では、両国ともに軍隊ではなく法執行機関（中国海警局、ベトナム海上警察等）を派遣しています。

この紛争は今も続いていますが、大きな紛争にエスカレートすることなく、死者が出たという情報もありません。

もちろん、これらの被害の大小の要因は、相対する機関の違いのみによるものではないでしょうが、象徴的な事例だと言えます。

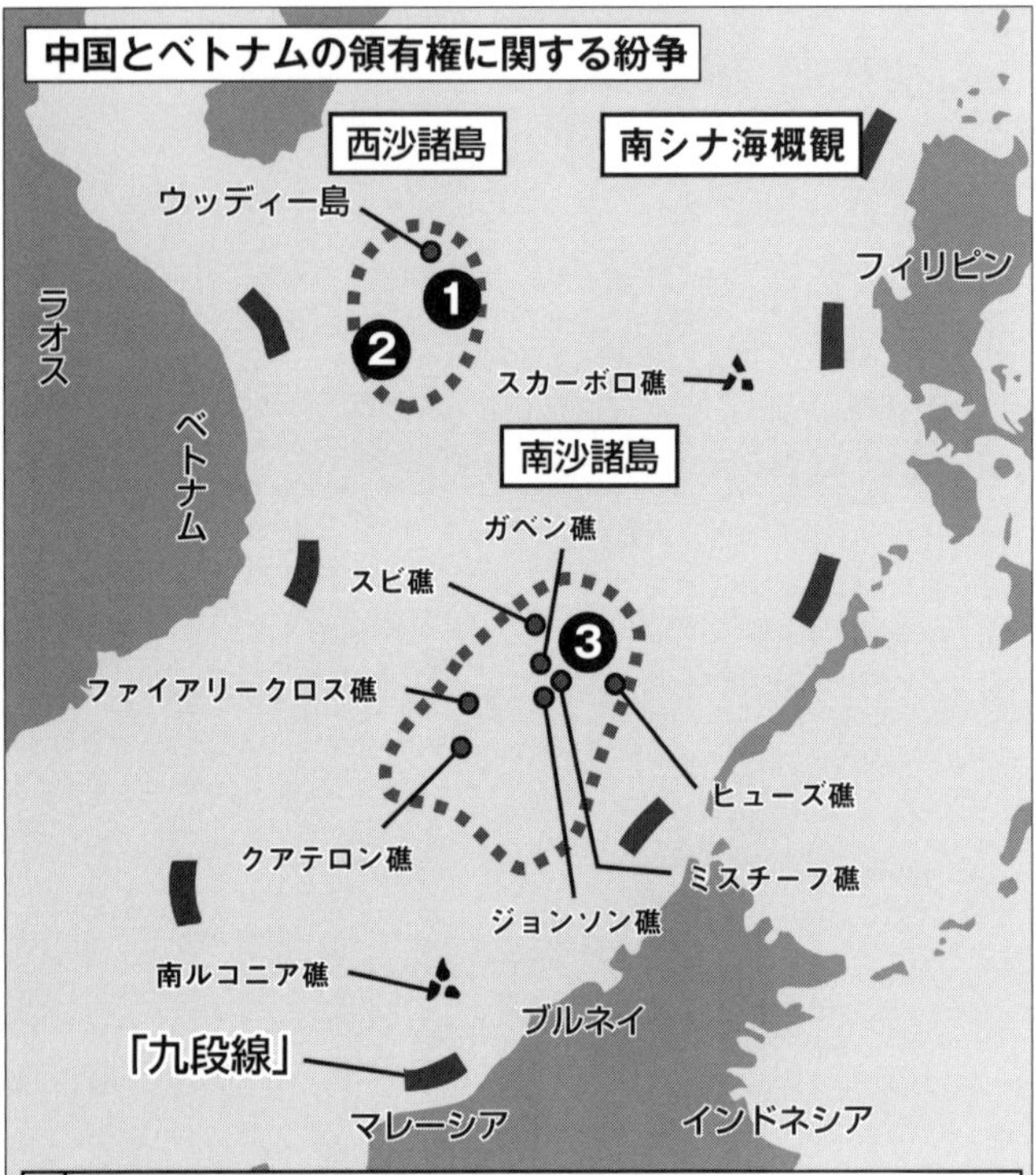


❶ **西沙諸島における武力紛争**
・発生　1974年1月　・勢力　中国人民解放軍VS.ベトナム軍
・原因　領土侵略　・損害　（中国側）　**18名死亡**
（ベトナム側）　**18名死亡**

❷ **西沙諸島における衝突事件**
・発生　2010年〜　・勢力　中国海警VS.ベトナム海上警察等
・原因　主権及び主権的権利の侵害　・損害　**死亡者の情報はない**
（漁船拿捕、オイルリグ設置）

❸ **南沙諸島における武力紛争**
・発生　1988年3月　・勢力　中国人民解放軍VS.ベトナム軍
・原因　領土侵略　・損害　（中国側）　**0名死亡**
（ベトナム側）　**74名死亡**

死亡者数はテイラー・フレイグヴェル（米中関係全国委員会メンバー）著『中国の領土紛争』より抜粋

※『令和３年防衛白書』等をもとに作成

## あの北朝鮮ですら反発しなかった

もうひとつ、今度は日本の事例を紹介します。2001年の九州南西海域工作船事件――有名なのでご存じの方も多いかと思いますが、今から20年以上前に北朝鮮の工作船が不審船として鹿児島県の奄美大島沖で海上保安庁の巡視船に追跡され、銃撃戦の末に沈没したという事件です。

同年12月22日、海上保安庁は防衛庁（当時）から九州南西海域における不審船情報を入手し、直ちに巡視船・航空機を急行させ同船を捕捉すべく追尾を開始しました。

この時、不審船が巡視船・航空機による度重なる停船命令を無視し、ジグザグ航行をするなどして逃走を続けたため、巡視船は、海上保安庁法に基づき、射撃警告の後、20ミリ機関砲による上空・海面への威嚇《いかく》射撃及び威嚇のための船体射撃を行いました。

しかし、不審船は逃走をやめないどころか、巡視船に対して自動小銃やロケットランチャーによる攻撃を行ってきました。これに対して巡視船も正当防衛射撃を実施し、激しい銃撃戦が繰り広げられました。

# 2001年の九州南西海域における工作船事件の概要

平成13年12月22日、防衛庁から九州南西海域における不審船情報を入手、直ちに巡視船・航空機を急行させ、同船を捕捉すべく追尾を開始した。

同船は、度重なる停船命令を無視しジグザグ航行をするなどして逃走を続けたため、射撃警告の後、上空・海面への威嚇射撃、及び威嚇のための船体射撃を実施した。

しかし、同船は引き続き逃走し、巡視船に対して自動小銃及びロケットランチャーのようなものによる攻撃を行ったため、巡視船搭載の武器による正当防衛射撃を実施、その後、同船は自爆とみられる爆発により沈没した。

沈没から約9カ月後、同船は海底から引き揚げられた。

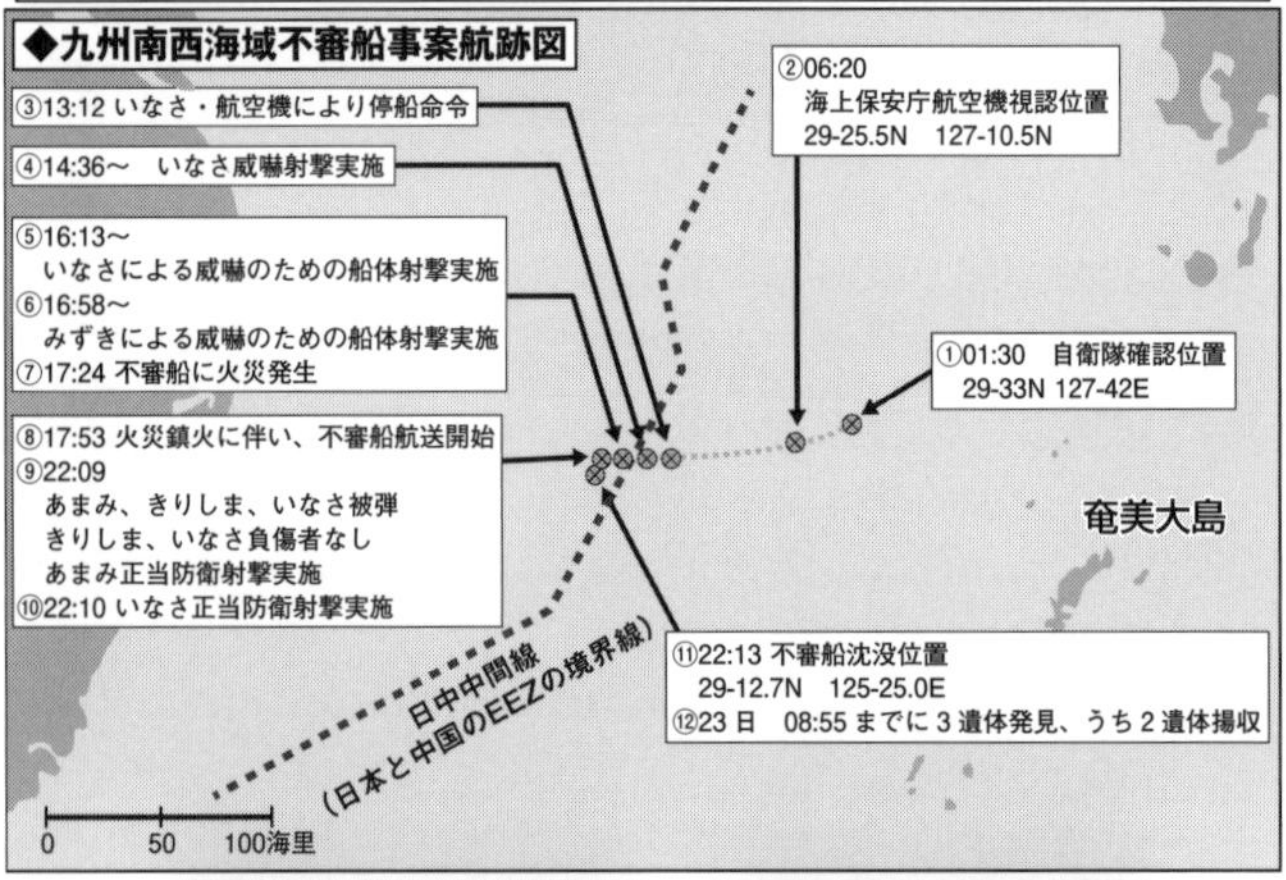

不審船を追跡中の巡視船

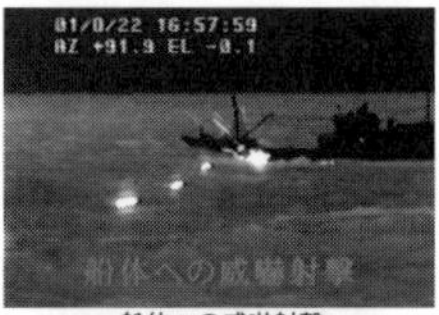

船体への威嚇射撃

不審船の発砲により被弾した巡視船

引き揚げられた不審船

◆金正日朝鮮労働党総書記の発言　H14.9.17（概要）
軍の一部が行ったものと思われ、今後さらに調査したい。今後このような問題が一切生じないよう適切な措置をとる。

最終的に、不審船は自爆用爆発物によるものと思われる爆発を起こして沈没しました。なお、この事件では、巡視船「あまみ」に乗船していた海上保安官3名が7〜10日間ほどの入院・加療を要する傷害を負っています。

事件後まもなく、海上保安庁は、第十管区海上保安本部（所在地：鹿児島県鹿児島市）と鹿児島海上保安部に捜査本部を設置し、全容解明に向けた捜査を開始しました。そして、その捜査の過程で不審船が北朝鮮の工作船であること、薬物の密輸入に関わっていた疑いが濃厚であることが判明します。

沈没した船は、翌2002年9月に引き揚げられ、船体からは、北朝鮮工作員が潜入・脱出するために使用する道具や、極めて殺傷力・破壊力の強い武器が多数発見されました。海上保安庁では、この不審船を北朝鮮工作船と特定するとともに、2003年3月、乗組員10人を海上保安官に対する殺人未遂等の容疑で検察庁に書類送検しました。

さて、以上が九州南西海域工作船事件のあらましですが、この事件において海上保安庁は、不審船を捕捉し逮捕するため、国際法・国内法にのっとり対応しています。前述の通り、不審船は海上保安庁の追跡を受け、銃撃戦ののちに爆発・沈没したわけですが、それに対する国際世論からの非難はありませんでした。

では当事者の北朝鮮はどのような反応を示したでしょうか。

「どうせいつものように無茶苦茶な理屈で日本側を一方的に非難してきたのだろう」と思われたかもしれませんが、実はあの北朝鮮ですら反発していないのです。

それどころか、2002年9月の小泉純一郎首相（当時）が電撃的に北朝鮮を訪問したあの日朝首脳会談において、金正日《キムジョンイル》委員長は「軍の一部が行ったものと思われ、今後さらに調査したい。今後このような問題が一切生じないような適切な措置をとる」と発言しています。

明確な謝罪ではなかったものの、この事件は国家意思ではなく、一部の不心得者が起こした所業だとして、日本との対立を回避しました。

なぜ北朝鮮はこの事件に関してまったく反発しなかったのでしょうか。

私は、日本が「違法行為者に対する警察活動」、つまり法執行による対処という形をとったからこそ、北朝鮮側もそれに乗る形でメンツを保ちつつおさめるすべがあったのだと思います。

逆に言うと、もし日本側が「我が国に対する武力攻撃だ！」として軍事的対処をしていたら、北朝鮮としてもおさめどころがなかったかもしれません。

そういう意味でもこの事例は、法執行機関が対処したことで大きな紛争につながらなかった。

つまり法執行機関の緩衝機能が有効に働いた成功事例だと言えます。

## 領海警備を非軍事機関が担っているのは日本だけ？

ここまで述べてきたことをまとめておきましょう。

法執行機関は、本質的に国際法という共通のルールが支配する世界で活動し、さらには国内法の制約も受けます。

また、実力の行使に関しても、警察比例の原則に従って抑止力が働きます。保有する武器は犯人逮捕のためのものですから、当然、相手方を殲滅するような大きな火力は持ち得ません。

したがって、仮に衝突が起こった場合でも、その被害は自国も相手方も小さくなり、戦争に結びつく可能性は非常に低くなるという大きなメリットがあるわけです。

こうしたメリットは軍事機関にはありません。

つまり、海上保安庁を軍事機関にするということはこれらのメリットを失うということです。それは、戦争を国家間の紛争解決の手段としない平和国家の日本にとって致命的なデメリットだと私は思います。

そもそも、領海警備等の任務を軍隊ではない法執行機関が担うというのは、日本独自のやり方なのでしょうか。

確かに、以前は海軍などの軍事機関が海上における法執行活動のメインプレーヤーでした。国連海洋法条約にも、法執行である臨検（船舶等を取り締まる際にその理由の有無を確かめるために行う書類の検査等）は軍艦が行う旨が規定されています（第110条第2項）。

同条約の定義によると、「軍艦」とは「一の国の軍隊に属する船舶であって、当該国の国籍を有するそのような船舶であることを示す外部標識を掲げ、当該国の政府によって正式に任命されてその氏名が軍務に従事する者の適当な名簿又はこれに相当するものに記載されている士官の指揮の下にあり、かつ、正規の軍隊の規律に服する乗組員が配置されているもの」です（第29条）。

当然ながら海上保安庁の巡視船は「一の国の軍隊に属する船舶」ではないので「軍艦」には

**第百十条　臨検の権利**

1　条約上の権限に基づいて行われる干渉行為によるものを除くほか、公海において第九十五条及び第九十六条の規定に基づいて完全な免除を与えられている船舶以外の外国船舶に遭遇した軍艦が当該外国船舶を臨検することは、次のいずれかのことを疑うに足りる十分な根拠がない限り、正当と認められない。

(a)当該外国船舶が海賊行為を行っていること。

(b)当該外国船舶が奴隷取引に従事していること。

(c)当該外国船舶が許可を得ていない放送を行っており、かつ、当該軍艦の旗国が前条の規定に基づく管轄権を有すること。

(d)当該外国船舶が国籍を有していないこと。

(e)当該外国船舶が、他の国の旗を掲げているか又は当該外国船舶の旗を示すことを拒否したが、実際には当該軍艦と同一の国籍を有すること。

2　軍艦は、1に規定する場合において、当該外国船舶がその旗を掲げる権利を確認することができる。このため、当該軍艦は、疑いがある当該外国船舶に対し士官の指揮の下にボートを派遣することができる。文書を検閲した後もなお疑いがあるときは、軍艦は、その船舶内において更に検査を行うことができるが、その検査は、できる限り慎重に行わなければならない。

3　疑いに根拠がないことが証明され、かつ、臨検を受けた外国船舶が疑いを正当とするいかなる行為も行っていなかった場合には、当該外国船舶は、被った損失又は損害に対する補償を受ける。

4　1から3までの規定は、軍用航空機について準用する。

5　1から3までの規定は、政府の公務に使用されていることが明らかに表示されておりかつ識別されることのできるその他の船舶又は航空機で正当な権限を有するものについても準用する。

国連海洋法条約の臨検規定の条文

該当しません。

では、海上保安庁の巡視船のような「軍艦」ではない法執行船（政府船舶）による臨検についてはどのように定められているのでしょうか。

実は「（軍艦の臨検規定を）政府の公務に使用されていることが明らかに表示されておりかつ識別されることのできるその他の船舶又は航空機で正当な権限を有するものについても準用する」とされている程度です（第110条第5項）。


確かにこれを読むと、軍隊による海上法執行がスタンダードであり、それ以外はイレギュラーなケースであるかのような印象を受けます。

しかし、国連海洋法条約が主に軍艦（軍隊）による臨検を規定しているのは、同条約が採択された当時には、まだ海上法執行機関（コーストガード）がそれほど多く世界に存在していなかったという事情によるものではないかと考えられます。

次ページの表は世界の主なコーストガードを設立年ごとに整理したものです。

| 時期 | コーストガードの設置国及び設立年 |
| --- | --- |
| 1960年代以前 | アメリカ(1790)、アルゼンチン(1810)、イギリス(1822)、トルコ(1859)、イタリア(1865)、ギリシャ(1919)、ペルー(1919)、アイスランド(1926)、バーレーン(1939)、日本(1948)、韓国(1953)、カナダ(1962)、トリニダード・トバゴ(1962)、フィリピン(1967) |
| 1970年代～1990年代 | アルジェリア(1973)、ノルウェー(1977)、インド(1978)、セントビンセント及びグレナディーン諸島(1980)、モーリシャス(1987)、セーシェル(1993)、バングラデシュ(1995)、ジョージア(1998)、ベトナム(1998)、ルーマニア(1999) |
| 2000年以降 | アゼルバイジャン(2005)、マレーシア(2005)、コモロ連合(2010)、ジブチ(2010)、スリランカ(2010)、インドネシア(2014)、中国(2013)、ケニア(2018) |

各国のコーストガード設立時期　（設立年）

これを見ると、アメリカなどのように100年の歴史を持つコーストガードはかなり少数派で、日本の海上保安庁をはじめ多くの国々のコーストガードは、1945年の第二次世界大戦以降の設立だということがわかります。

特に排他的経済水域が導入された1970年代以降や、海賊問題、テロといった海上セキュリティ対策が重要となってきた2000年以降、コーストガードがどんどん設立されてきました（コーストガードではないものの、海上保安業務に関する関係機関を調整する組織を設置する国も増えてきています）。しかも後述するように軍とは別の組織のコーストガードが多数派なのです。

国連海洋法条約は、国連の準備会議で1973

年から9年にわたり審議され1982年に採択されましたが、当時は未だコーストガードは設立途上であり、海上の法執行活動のメインプレーヤーという存在ではありませんでした。しかし、現在は明らかに状況が変わってきています。

いまや海上における法執行活動のメインプレーヤーは、軍隊ではなくコーストガードだと言っても過言ではありません。

つまり、海上における法執行を軍隊ではない法執行機関が行うことは、世界の趨勢であり、国家間に対立のある局面で最初に法執行機関が対応することも、今日においては〝普通〟のことになっているのです。けっして日本独自の特別なものではありません。

## 東南アジアに多い海上保安庁モデルのコーストガード

「コーストガード」を名乗る機関であっても実はその形態はさまざまです。

海上保安庁やアメリカ沿岸警備隊のように、海上の安全・治安・環境保護に関する業務を総合的・専任的に実施する組織もあれば、主として海上の安全及び環境保護を任務とするコーストガード機関（カナダ沿岸警備隊、英国王立沿岸警備隊など）、主として海上の治安を任務とするコーストガード機関（中国海警局など）、自らは実働勢力を持たない、調整機能としてのコーストガード機関（ベルギー沿岸警備隊など）、実質的に軍事機関としての機能を併せ持つコーストガード機関（モルディブ国防軍沿岸警備隊など）もあります。

あるいは、「コーストガード」を名乗っていなくても、パキスタン海上警備庁、パラオの海上安全・魚類野生動物保護局のように、自分たちの船舶等の実働勢力をもって、コーストガードと同様の業務を行っている組織もあります。

次ページの図はアジア・オセアニア地域の主なコーストガードです。

太枠で示したインド、中国のコーストガードは軍事組織に属していますが、その他の国々は非軍事組織の傘下です。

東南アジアでは、海上保安庁が海上保安機関の設立支援を長年行ってきたことに加え、現在も海上保安機関の能力向上支援（キャパシティ・ビルディング）を精力的に行っている関係か

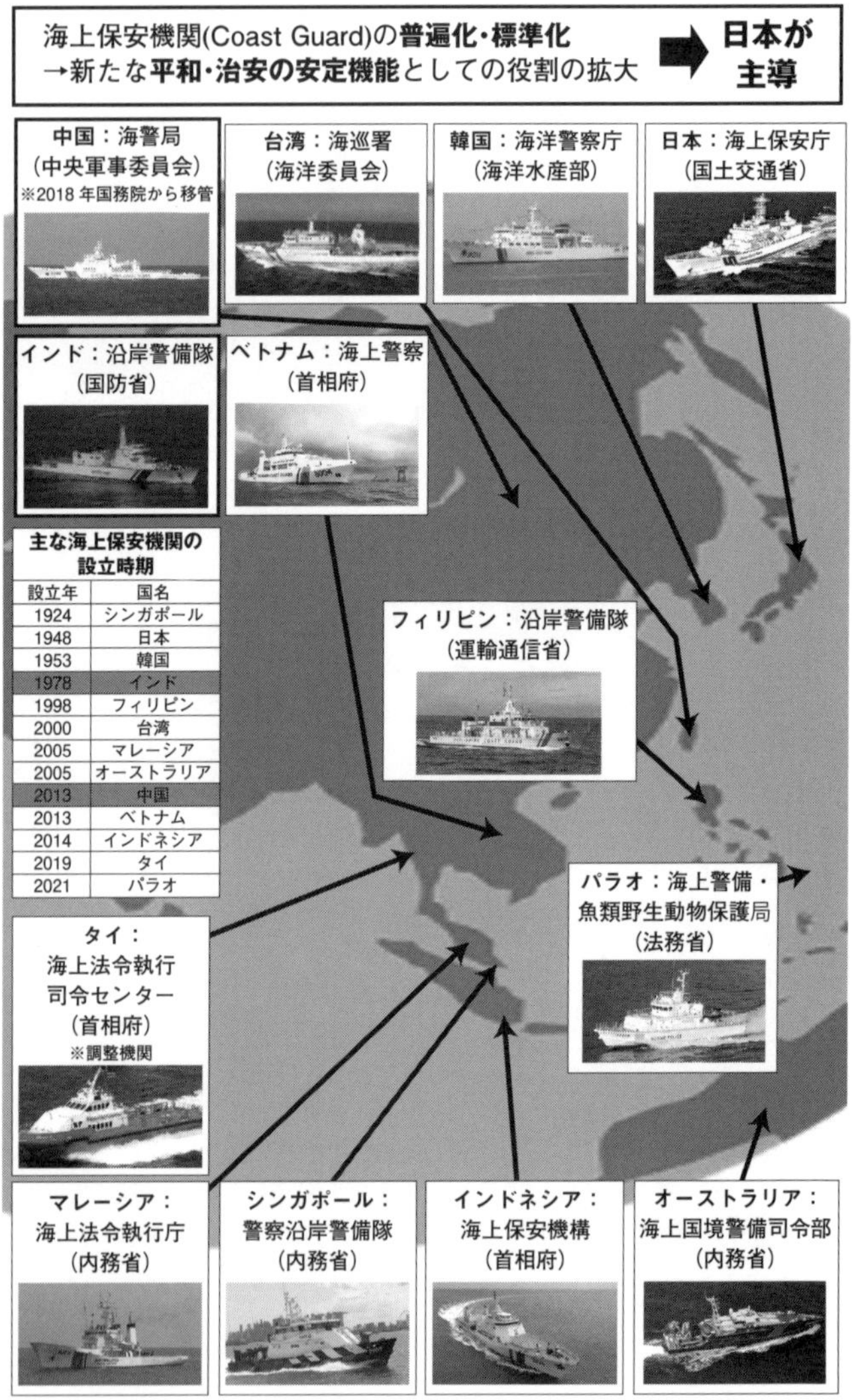


**主な海上保安機関の設立時期**

| 設立年 | 国名 |
|---|---|
| 1924 | シンガポール |
| 1948 | 日本 |
| 1953 | 韓国 |
| 1978 | インド |
| 1998 | フィリピン |
| 2000 | 台湾 |
| 2005 | マレーシア |
| 2005 | オーストラリア |
| 2013 | 中国 |
| 2013 | ベトナム |
| 2014 | インドネシア |
| 2019 | タイ |
| 2021 | パラオ |

アジア・オセアニア地域の主なコーストガード

ら、実は軍から分離・独立したコーストガードや、新規に軍とは別の組織として設立された海上保安庁モデルのコーストガードが増え、多数派となっています。

たとえば、ベトナムのコーストガードはもともと海軍内の一部局でしたが、2013年に海軍から独立し、独自の司令部を持つ警察機関に改編されています。また、フィリピンのコーストガードも1998年に海軍から独立し、運輸省傘下の非軍事組織になりました。その他、この図にはありませんが、100年以上の歴史を持つアルゼンチンのコーストガードも1984年に海軍の傘下を離れて独立しています。

一方、中国の海警局はもともと国務院（非軍事組織）所属の国家海洋局のもとにある組織でしたが2018年に中央軍事委員会（軍事組織）所属の人民武装警察のもとの組織に転属しています。海警局のトップもそれまでの文民から軍人に変わりました。東南アジアでは軍とは別組織の海上保安機関が多数派となるなか、中国だけはこれとは反対の道を進んでいるのです。

なお、これを受けて日本国内では「海上保安庁も軍事機関にして〝強化〟しないと中国に対抗できない」という意見があります。しかし、尖閣で対峙している海警局が軍の指揮下に入ったからといって、海上保安庁が軍事機関にならないと対応できないわけではありません。詳しくは後述しますが、そもそも海上保安庁を軍事機関にして軍事的な能力を〝強化〟したとしても、それが日本国全体で見た場合の安全保障の〝強化〟につながるわけではないのです。むしろ、これまで見てきた通り、法執行機関の「緩衝機能」を失ってしまうというデメリットのほうがはるかに大きく、日本の安全保障にとって致命傷とさえ言えると思います。

## 安全保障上重要なのはコーストガードと軍の連携

次ページの図は欧州・北米の主なコーストガードです。こちらも、先のアジア・オセアニア地域と同様、非軍事組織に属するコーストガードが多数派であるということが一目でおわかりいただけると思います（アメリカ沿岸警備隊は国土安全保障省に属していますが、有事の際には軍隊としての活動を行います）。

これまで見てきたように、海上における法執行活動のメインプレーヤーは今では軍からコーストガードへと変わり、しかも軍とは別の組織のコーストガードが多数派です。

一方で、「沿岸警備隊は、軍事活動を行う権限と能力が付与されており、国際法上軍隊と位

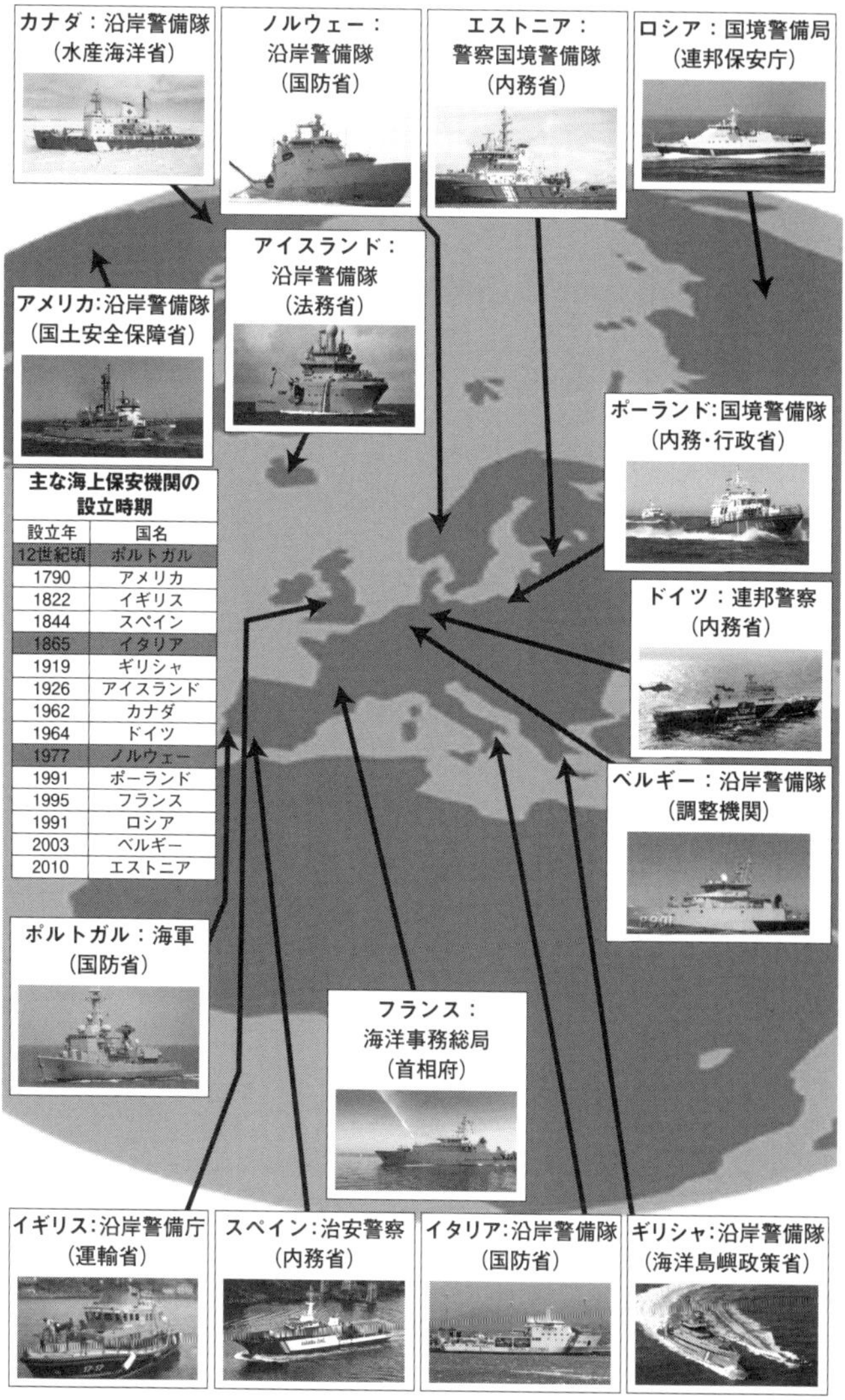


主な海上保安機関の設立時期

| 設立年 | 国名 |
|---|---|
| 12世紀頃 | ポルトガル |
| 1790 | アメリカ |
| 1822 | イギリス |
| 1844 | スペイン |
| 1865 | イタリア |
| 1919 | ギリシャ |
| 1926 | アイスランド |
| 1962 | カナダ |
| 1964 | ドイツ |
| 1977 | ノルウェー |
| 1991 | ポーランド |
| 1995 | フランス |
| 1991 | ロシア |
| 2003 | ベルギー |
| 2010 | エストニア |

欧州・北米の主なコーストガード

置付けられている。軍事機能を持たない海保はガラパゴス化している。軍事活動を行えるようにすべき」といった主張も目にします。

しかし、先に述べたようにコーストガードを名乗る機関であってもその形態はさまざまですから、全てのコーストガードが国際法上軍隊と位置づけられるわけではありませんし、そもそも軍隊の配下にあるコーストガードは少数派です。また各国のコーストガードが軍事機能を有するのか否か、その全てが明らかになっているわけではありませんが、海保と同様に軍事機能を有さないコーストガードも少なくありません。

ただし、安全保障を考える上でより重要なことは、軍事機能を有するコーストガードが多数派なのか少数派なのかということではなく、コーストガードと軍事機関の連携、日本で置き換えると海保と自衛隊の連携がスムーズに支障なく行えるのか否か、ということだと思います。

## 法執行機関の「緩衝機能」は、いまや世界の共通認識

さて、近年、多くのコーストガードが設立されてきました。軍事機関から独立して設立され

たものも少なくありません。なぜでしょうか?

それは、米国のポシ・コミテイタス法（Posse Comitatus Act）に代表される軍を法執行に使用することを差し控える軍警分離の考え方が広く支持されるようになってきたことと同時に、世界各国に法執行機関の持つ「緩衝機能」のメリットが認識されてきたからではないでしょうか。

海上の領域や海洋権益をめぐる局面においては、軍艦で対峙するよりも、法執行船で対峙したほうが国家間の緊張の高まりを防ぐことができる――そういう認識が世界各国に広まっているということです。

だからこそ海軍とは別にわざわざコーストガードという歴史の浅い組織を新たに設置し、他国との紛争に発展しそうな海上の微妙な事案に対しては、海軍ではなくコーストガードを派遣する国が増えていったということでしょう。

こうした世界の趨勢を踏まえると、日本の海上保安庁はガラパゴス化どころか、むしろ軍事と警察を明確に分離したコーストガードの先駆的なモデルを世界各国に示し、海上保安分野で世界をリードしている存在だと言えます。

いまや海上法執行機関としてのコーストガードの存在は、紛争解決の手段として「軍事」「外交」に次ぐ〝第三のカード〟になると期待されています。

特に日本のような平和主義の国においては、紛争解決の手段はたくさんあるに越したことはありません。その意味においても、海上保安庁はこれからも非軍事の法執行機関であり続けるべきだと思います。

とは言え、国家の安全保障は法執行機関だけで担保できるものではありません。有事・平時を問わず、国内の他の国家機関との連携協力、とりわけ自衛隊との連携協力は必要不可欠です。

次章では自衛隊と海上保安庁の連携協力について詳しく述べていきます。

# 第三章

# 海保と自衛隊の連携・協力

## なぜ今まで統制要領はつくられなかったのか？

政府は2023年4月、他国から武力攻撃を受けるなどの有事の際に防衛大臣が海上保安庁を統制する手順などをまとめた「統制要領」を策定しました。これは自衛隊法第80条に基づいてつくられたものです。自衛隊法第80条にはこう書かれています。

第一項　内閣総理大臣は、第七十六条第一項（第一号に係る部分[※1]に限る。）又は第七十八条第一項の規定[※2]による自衛隊の全部又は一部に対する出動命令があった場合においで、特別の必要があると認めるときは、海上保安庁の全部又は一部を防衛大臣の統制下に入れることができる。

第二項　内閣総理大臣は、前項の規定により海上保安庁の全部又は一部を防衛大臣の統制下に入れた場合には、政令で定めるところにより、防衛大臣にこれを指揮させるものとする。

第三項　内閣総理大臣は、第一項の規定による統制につき、その必要がなくなつたと認める場合には、すみやかに、これを解除しなければならない。

〈引用者注〉

※1 自衛隊法第76条第1項第1号：我が国に対する外部からの武力攻撃が発生した事態又は我が国に対する外部からの武力攻撃が発生する明白な危険が切迫していると認められるに至った事態

※2 自衛隊法第78条第1項：内閣総理大臣は、間接侵略その他の緊急事態に際して、一般の警察力をもっては、治安を維持することができないと認められる場合には、自衛隊の全部又は一部の出動を命ずることができる

このように有事の際には防衛大臣が海上保安庁を統制することができると明記されているわけですが、実は政府はこれまでその具体的な手続きを定めていませんでした。自衛隊法が成立したのが1954年であり、当時からこの第80条は存在していたので、政府は統制要領の策定を約70年間も放置していたことになります。

「なぜ今まで何もしてこなかったんだ！ 怠慢じゃないか」という怒りの声ももちろんあると

は思いますが（確かにごもっともな批判ですが）、私なりに解釈すると、これは優先順位の問題もあったのだと思います。

海上保安庁と自衛隊は、発足当初からさまざまな局面で連携協力を図ってきました。マニュアルを整備して連携しているものの代表例は、大規模海難等における災害派遣（1960年締結）、不審船の共同対処（1999年締結）、さらには海賊対処（2009年以降）などですが、これらは訓練のみならず、共同オペレーションも実施しています。

そして、2015年からは、有事でも平時でもない「グレーゾーン事態」（漁民を装った武装集団による離島の占拠など、武力攻撃にいたらない侵害のある状況）を想定した共同訓練も行われています。

海上保安庁と自衛隊は、時代の要請に応じて順次連携・協力体制を強化してきたと言えると思います。

もちろん、こうした連携・協力体制を統制要領も含めて一気に全てつくることができれば理想的ですが、現実はそう簡単にはいきません。目の前の喫緊の課題から優先的に順番に取り組んでいった結果、統制要領の策定にたどり着くまでに時間を要した、ということだと思っています。

また、統制要領は形だけつくればいいというものでもありません。これまで両組織が連携・協力の経験を重ねてきたことで、お互いのできること・できないこと・得意分野・不得意分野が明らかになり、相互の組織文化に対する理解も深まってきました。その積み重ねにより、統制要領の実効性を質的に担保する準備が整えられてきた側面もあると思います。

日本を取り巻く安全保障環境はその時代ごとに厳しさもあったと思いますが、誤解を恐れずに言うなら、少なくともグレーゾーン事態を真剣に議論するようになる以前は、統制要領を今すぐ必要とするほど厳しい安全保障環境にはなく、より優先すべき課題があったということだろうと思っています。

反対に、今このタイミングで統制要領がつくられたということは、それほど日本を取り巻く安全保障環境が、本当に「待ったなし」で厳しくなったということでもあるのです。

## 捜索救助

○大規模事案のため多数の勢力を必要とする場合、事態が急迫しているため緊急な救助を必要とする場合においては、「海上における災害派遣に関する協定」（昭和34年締結）に基づき、**自衛隊へ災害派遣**の要請を実施

※知床遊覧船事故を踏まえ、災害派遣時の窓口の一本化等、情報共有の更なる迅速化を措置

海上自衛隊艦艇による潜水捜索への支援
（令和3年5月今治沖貨物船沈没事案）

## 不審船共同対処

○平成11年、海上保安庁と防衛省の間で「不審船に係る共同対処マニュアル」を策定

○同マニュアルに基づき、海上保安庁と海上自衛隊の共同対処能力の維持向上を図ることを目的とした不審船対処に係る**共同訓練**を実施

※共同訓練実施回数：26回（令和5年10月4日現在）

護衛艦との共同追跡・監視訓練

巡視船へのヘリコプター離発着訓練

## 海賊対処

○平成21年、ソマリア周辺海域での海賊事案が多発していたことを背景に「海賊行為の処罰及び海賊行為への対処に関する法律」が制定

○同年より、海賊対処行動中の護衛艦に**海上保安官を同乗**させ、海賊の逮捕、取調べ等の司法警察活動に備えつつ、自衛隊とともに海賊行為の監視、情報収集等を実施

護衛艦に同乗している海上保安官

護衛艦上での海賊引継ぎ訓練

## 自衛隊と海上保安庁の連携

### ＧＺ（グレーゾーン）含む総合的対処

○武力攻撃にいたらない侵害を含め、あらゆる事態に適切に対応するため、平素から、海上自衛隊との**総合的な対処・連携強化を目的とした合同訓練**を実施

【近年の訓練実績】

| 令和3年12月実施 | | 令和4年6月実施 | |
|---|---|---|---|
| 訓練海域 | 伊豆大島東方海域 | 訓練海域 | 伊豆大島東方海域 |
| 主要訓練項目 | 情報共有、船体運動訓練 | 主要訓練項目 | 情報共有、船体運動訓練 |
| 参加勢力 | 海保：巡視船、回転翼<br>海自：護衛艦、回転翼 | 参加勢力 | 海保：巡視船、回転翼<br>海自：護衛艦、回転翼 |

### 更なる連携強化への取り組み

○**新たな国家安全保障戦略**の策定の取り組みの中で、海上保安能力強化に関する方針に基づき、自衛隊との更なる連携強化を図る
○安全保障分野において、より緊密に連携協力し、円滑かつ効果的な対応体制を強化するため、運用をはじめとした各分野における**連携強化**を推進
○武力攻撃事態における防衛大臣による海上保安庁の**統制要領**の策定や共同訓練の実施も含め、情報共有・連携の深化、各種訓練の充実など、必要な取り組みを推進

無操縦者航空機に係る連携

自衛艦から巡視船への燃料補給

情報通信の強靭化に係る連携

## 有事の際に海上保安庁は防衛大臣の指揮下で武力を行使する?

さて、統制要領がつくられたことを受けて、世間では「海上保安庁は防衛大臣の統制下に入ると自衛隊と同様の防衛任務に就いて武力を行使する」と勘違いしている方たちも多いようですが、そうではありません。

繰り返し述べてきたように、海上保安庁は「非軍事の法執行機関」です。

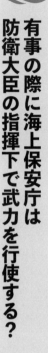

有事の際に防衛大臣の指揮下に入ったからといって、海上保安庁が自衛隊に編入されるということではなく、海上保安庁が軍隊に変身するわけではありません。ジュネーヴ諸条約第一追加議定書第43条3[※1]に規定する「軍隊への編入」には当たりません。後で詳しく述べますが、統制下に入っても、防衛のための武力の行使など、新たに軍事的な任務が追加されるわけではなく、海上保安庁のこれまでの任務、権限に変更はありません。非軍事の法執行機関であることに変わりはないのです。

また、防衛大臣による「統制」は、防衛大臣が海上保安庁の船艇や飛行機などに直接命令を出すのではなく、あくまでも海上保安庁長官に対して指揮を行うとされています（自衛隊法施行令第１０３条）。

つまり、防衛大臣が海上保安庁長官を介して海上保安庁を間接的に指揮するということです。

そのため、防衛大臣の統制下にあっても、海上保安庁は通常通り、海上保安庁長官が現場の巡視船艇・航空機などを指揮する体制を維持することになっています。

※1　ジュネーヴ諸条約第一追加議定書第43条3：紛争当事者は、準軍事的な又は武装した法執行機関を自国の軍隊に編入したときは、他の紛争当事者にその旨を通報する。

## 統制要領で明確になった自衛隊との役割分担

では、有事の際、防衛大臣の統制下に入った海上保安庁は何をするのでしょうか。

政府は統制要領に関し、「自衛隊は作戦正面に集中する一方、海上保安庁は国民保護措置や海上における人命の保護等で最大限の役割を果たす」ことによって「国民の安全に寄与するとともに自衛隊の出動目的を効果的に達成」することができると説明しています。

少しわかりにくい表現ですが、要するに、自衛隊が国防の任務に集中・専念できるよう、国民保護措置等の国防以外の任務を海上保安庁が最大限行うということです。

少し補足しておくと、自衛隊法第3条第1項には、自衛隊の任務は「国の防衛」と「公共の秩序の維持」と規定されています。

有事の際には海上保安庁が防衛大臣の統制下で、国民保護措置などの「公共の秩序の維持」を最大限自衛隊と連携して行えば、あるいは自衛隊に代わって行えば、自衛隊は「公共の秩序の維持」に充てるのに必要だった勢力等を「国の防衛」に充てることができます。その結果、自衛隊が国防任務に集中・専念できるということです。

以上のことから、繰り返しになりますが、海上保安庁は防衛大臣の統制下に入っても、「軍事機関」に変身して武力を行使するようになるわけではなく、あくまでも法執行機関として本来与えられている任務・権限で業務を行うことになります。

自衛隊とともに武力を行使し、国防の任務に就くということではありません。

これに関しては、政府も「海上保安庁の統制要領」において〈統制下においても海上保安庁

## 海上保安庁の統制要領①

●安全保障環境が急速に厳しさを増す中で、自衛隊と海上保安庁の**有事における連携・協力の強化は、長年積み残されてきた課題**。
●2022年12月、国家安全保障戦略等を策定し、**両機関の連携・協力の強化**を明記。
国家安全保障戦略(令和4年12月16日)(抜粋)
(中略)有事の際の防衛大臣による海上保安庁に対する統制を含め、自衛隊と海上保安庁との連携・協力を不断に強化する。

衆・予算委岸田総理答弁(令和4年11月28日)
海上保安庁法第二十五条は、法にのっとり、事態をエスカレートさせることなく業務を遂行するという観点から、これは重要な規定であると認識をしています。その上で、安全保障環境が急速に厳しさを増す中で、有事における海上自衛隊と海上保安庁の連携強化、これは我が国において極めて重要であり、この点は長年積み残されてきた課題だと認識をしております。よって、自衛隊法第八十条に基づく武力攻撃事態における防衛大臣による海上保安庁の統制要領、(中略)についてしっかり政府として考え方を明らかにし用意する(後略)

●海上保安庁の能力を発揮する上では、有事における海上保安庁の役割は、国民保護措置や海上における人命の保護等が中心となり、特に住民避難については非軍事組織としての強みを活かすことができる。海上保安庁が人命救助や住民避難で最大限の役割を果たすことにより、自衛隊はより一層、作戦正面に集中できることから、自衛隊にとっても有益。

↓

●**自衛隊法制定(昭和29年)以降未定**であった「海上保安庁の統制」の具体的な手続きを含めた防衛出動命令が発出された場合における両機関の連携について、**「統制要領」を定めた**。
●これを受け、共同訓練において検証を行うことなどを通じ、今後も有事における自衛隊と海上保安庁の連携・協力について、**不断に強化**する。

(出典：防衛省 HP)

## 海上保安庁の統制要領②

### 基本的な考え方

- 自衛隊法第80条の規定に基づき、内閣総理大臣は、武力攻撃事態における防衛出動下令時、防衛省・自衛隊と海上保安庁との**通常の協力関係では効果的かつ適切な対処が困難**である等の特別の必要があると認めるときは、**海上保安庁の全部又は一部を防衛大臣の統制下に入れる**ことができる。
- 防衛省・自衛隊は、作戦正面に集中する一方、海上保安庁は、国民保護措置や海上における人命の保護等で最大限の役割を果たす。

※統制下においても海上保安庁の任務、所掌事務、権限及び非軍事性に変更はなく、海上保安庁の統制は、「海上保安庁の自衛隊への編入」や「海上保安庁の準軍事化」ではない

### 意義及び効果

- 防衛省・自衛隊に集約された情報を踏まえた統一的かつ一元的な指揮に基づき、自衛隊と海上保安庁が通常の協力関係以上に迅速・的確な役割分担の下で事態に対処。
- 迅速・的確な役割分担の下で、海上保安庁が安全かつ適切に国民保護措置や海上における人命 保護等を実施することは、国民の安全に寄与するとともに自衛隊の出動目的を効果的に達成。

## 海上保安庁の統制要領③

### 統制の手続き

- 閣議決定を経て、海上保安庁を防衛大臣の統制下に入れる。

### 防衛省・自衛隊と海上保安庁の関係

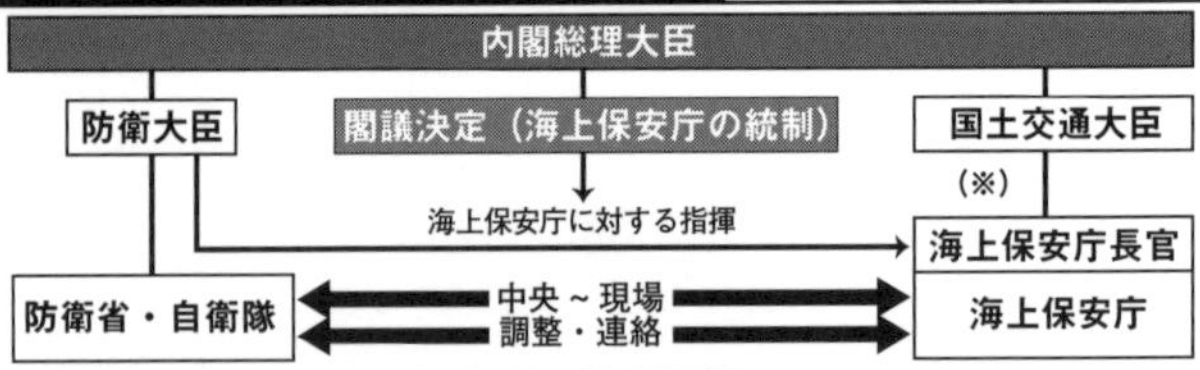


※人事、経理等の事務は、国土交通大臣が海上保安庁長官を指揮監督する

### 防衛省・自衛隊と海上保安庁が実施し得る事項（例）

- ・住民の避難及び救援
- ・船舶への情報提供及び避難支援
- ・捜索救難及び人命救助
- ・港湾施設等のテロ等警戒
- ・大量避難民への対応措置

※海上保安庁は、警察機関として、海上保安庁法に規定された所掌事務の範囲内で活動

（出典：防衛省 HP）

の任務、所掌事務、権限及び非軍事性に変更はなく、海上保安庁の統制は、「海上保安庁の自衛隊への編入」や「海上保安庁の準軍事化」ではない〉と明記しています（統制要領の概要についてては防衛省HPより：https://www.mod.go.jp/j/press/news/2023/04/28b_02.pdf）。

## 「餅は餅屋」で国家の最大パフォーマンスを発揮

有事の際にも海上保安庁の非軍事性が維持されるという点については、以前から国会答弁においてたびたび確認されてきました。それが今回定められた統制要領においても改めて確認されたというわけです。

一方で「海上保安庁も諸外国のコーストガードのように、有事の際には軍事機関となって自衛隊とともに武力を行使して防衛任務にあたるべきだ」という意見もあります。

確かに諸外国を見渡せば、たとえばアメリカ沿岸警備隊のように、有事の際には海軍に属して軍隊として活動するよう定められているコーストガードがあることも事実です。

しかし、前章でも述べたように、コーストガードのあり方は各国で千差万別であり、決まった形はありません。コーストガードが設置された歴史的な背景や、その国が現在置かれている状況によってもそれは大きく左右されます。

つまり、有事だからといってコーストガードに軍事活動をさせることがどこの国にとっても〝正解〟になるわけではありません。当たり前の話ですが、一般的な政策でも、外国がやっているからといって、それをそのまま日本で実施してもうまくいかないケースは多々あります。

本当に議論されるべきは、そのやり方が日本にとって〝ベスト〟なのかどうかです。はたして海上保安庁を軍事機関化すること、あるいは有事の際に軍事活動を担わせることが、日本の安全保障能力を最大限に発揮するための最適な選択なのでしょうか。

言うまでもなく、有事という非常事態においては、その危機を乗り越えるために国を挙げての対処が必要です。

そして、国家が最大のパフォーマンスを発揮するためには、各機関が保有する知識・技能・装備を踏まえた役割分担を明確にし、得意分野を融合させることが重要になります。

各機関が得意分野を担うことにより、各機関のパフォーマンスが最大となりその融合体としての国家のパフォーマンスも最大になるのです。

「餅は餅屋」です。

不得意な分野を無理に担わせたところで期待する成果は得られないでしょう。スキー選手を未経験のスケートの大会に出場させて「がんばって優勝してこい！」と言っても無理な話です。

それよりも、お互いの得意分野を活かした連携・協力をすることで「1＋1＝2」以上の力を出すことができる体制を平時から整えておくことが大切です。

海上保安庁は軍隊としての装備も、訓練もされていません。軍事活動はけっして海上保安庁の得意分野ではありません。他方、国民保護措置や海上における人命の保護活動等は海上保安庁の業務であり、日頃から訓練もされている得意分野です。

有事の統制下において、海上保安庁がこうした役割を担うことは、国家が最大のパフォーマンスを発揮するという観点からも理にかなっています。

こうした事実を踏まえても、統制要領で海上保安庁と自衛隊の役割分担が明確に定められたことは、国家の最大パフォーマンス発揮につながる、非常に意義深いものだと思います。

## 海上保安庁の軍事機関化は〝効率的〟ではない

有事の際には、必ず治安が乱れます。混乱に乗じて海外からテロリストや工作員などの怪しい人間が入ってきたり、薬物・銃器などの密輸入が横行したりする可能性も高まります。海上保安庁は平時と同様にそれらを水際でしっかりガードしなければなりません。

また、外国公船や不審船、漁民に偽装した武装集団への対処も必要ですし、有事だからといって海難救助もおろそかにはできません。

それらに加えて、住民の避難・救援、日本船舶への情報提供や避難誘導などといった国民保護措置は海上保安庁が自衛隊と連携しながら、あるいは自衛隊に代わって積極的に担う必要があります。

つまり、有事でも法執行機関としてやるべき仕事はたくさんあるのです。

そのような状況の中で、海上保安庁にさらに軍事活動を付加することはオーバーワークとなり困難でしょう。わざわざ不得意な軍事活動を担わせるというのは、国家のパフォーマンスを最大限発揮するという観点からも、効率的ではありません。

もし今の日本に軍事的な能力が不足しているというのであれば、軍事が得意分野ではない海上保安庁を軍隊化するのではなく、ストレートに自衛隊の軍事能力を強化するほうがよほど効率的でしょう。

また、海上保安庁が有事の際に軍事活動まで担ってしまうと、国民保護措置の任務中にも敵から「軍事目標」つまり攻撃目標にされる危険性が高まります。

海上保安庁が「あまり成果の期待できない不得意な軍事活動」に従事することで、「成果の期待できる得意分野の国民保護措置」に支障をきたしてしまう、つまり、国民の命を危険にさらしてしまうリスクを自ら高めてしまったのでは、本末転倒ではないでしょうか。

このように現実に即して考えると、平時から海上保安庁を軍事機関にするのも、有事の際に海上保安庁に軍事活動を担わせるのも、日本国全体で見た場合には、メリットよりもデメリットのほうがはるかに大きいと思われます。

## 大切なのは「日本にとっては何がベストか」という判断基準

誤解のないようお断りしておくと、私は別に「海上保安庁が非軍事機関であることに固執して、無批判にその姿を変えるべきではない」と言っているわけではありません。

あくまでも、過去を含め現在の日本の状況から総合的に判断すると、海上保安庁を軍事機関にするメリットや庁法25条を改正・撤廃するメリットはない（デメリットのほうがはるかに大きい）と言っているだけです。

繰り返しますが、大切なのは「今の日本にとってベストな選択は何か」です。

海上保安庁を軍事機関にすべきか否か、有事の際に軍事活動を担わせるか否か、庁法25条を撤廃・改正すべきか否か、などの議論の判断基準はそれに尽きると思います。

ただし、一般論としても非軍事組織を軍隊にすることのハードルはかなり高いと思います。単純に装備や権限の問題だけではなく、軍人としての信念の育成や軍隊としての組織文化の形成などの問題も関わってくるからです。法律を変え、装備を与えたからといって、一朝一夕に非軍事組織を軍隊にできるものではありません。

さらに、海上保安庁の場合は、軍隊化することで、法執行機関であることのさまざまなメリットを失ってしまう上に、詳しくは次章で述べますが、これまで非軍事組織として築いてきた諸外国（特にアジア諸国）との信頼関係を壊してしまうという問題もあります。

ヒト・モノ・カネ、そして時間を費やし、法執行機関のさまざまなメリットや諸外国との信頼関係を失ってまで海上保安庁を軍隊化することが、はたして日本にとってベストな選択でしょうか。

もちろん、将来のことはわかりません。

それはその時代に生きる日本人が考えるべきことだと思いますが、少なくとも今日の日本においては、海上保安庁を軍隊化するメリットや庁法25条を撤廃・改正するメリットはない、というのが私の意見です。

私の意見と言いましたが、「海上保安庁で代々受け継がれてきた共通認識」と言ったほうが正しいでしょう。

本書で私が述べている主張（特に海上保安庁が非軍事の法執行機関であることの意義や庁法25条の存在意義）は、けっして私独自の考えではなく、基本的には海上保安庁の諸先輩から教え伝えられているものです。

ただ、この海上保安庁の〝共通認識〟は残念なことに世間にはまったくと言っていいほど伝わっていません。

むしろ世間に一方的に広まっているのは、庁法25条撤廃・改正論の主張です。

その結果、安全保障に関心のある方たちほど庁法25条に対して批判的になり、海上保安庁に対しても「庁法25条を金科玉条とし、絶対に軍隊になろうとしない頑固者（あるいは変わり者）たち」というニュアンスで批判的に語られる傾向があるように思えます。

「コーストガードは軍事機関であるべきだ。軍事機能を持つべきだ」という〝大前提〟をもとに「軍事機関でない、軍事機能を持たない海上保安庁はおかしい」という結論が導きだされてしまっているように見えるのです。

## 「何となくの印象やイメージ」で語られがちな海上保安庁

もちろん、海上保安庁側の情報発信が不十分だという点は大いに反省すべきです。

しかし、その上で、より問題なのは、こうした考えが世間に届いていないがために、海上保安庁のあり方や庁法25条をめぐる議論が、まったく現実に即していない「何となくの印象やイメージ」で語られてしまっているということです。

たとえば統制要領が策定される半年前、2022年10月の国会でも次のような指摘がありました。

「庁法第25条があるから、海上保安庁は軍隊としての活動、訓練ができず、自衛隊とはうまく連携できない」

はたして、この指摘は妥当なのでしょうか？

これは庁法25条撤廃・改正論の典型的な主張でもあります。

確かに「何となくの印象やイメージ」として「軍事訓練を受けている部隊と軍事訓練を受けたことがない部隊が有事の際に連携などしてもうまくいかない」という考えにいたるのは想像に難くありません。

しかし、前述の通り、海上保安庁と自衛隊の連携というのは、有事の際にともに武器を取って一緒に同じ敵、たとえば敵の軍艦と戦うという類のものではありません。自衛隊は国防の分野で、海上保安庁は国民保護の分野でそれぞれスペシャリストとして活動し、お互いが最大の力を発揮し合えるようにするための協力体制です。

こうした連携協力を行う上では、海上保安庁が軍事活動や軍事訓練を行う〝必要性〟はありません。

海上保安庁にしても、海上自衛隊にしても、現場にいる職員は「庁法25条云々の理念的な話は二の次、三の次」という世界で生きています。理念的な話よりも「日本の平和を守る、安全を守るためにはどういう連携が必要か」ということを日々考えています。彼らの関心事はあくまでも実務です。

その実務面において、今のところ庁法25条が支障になって連携ができないという不満の声が上がっているという話は、現役海上保安官からも、自衛官からも、聞いたことがありません。

自衛隊の中にもいろいろな考えの方がいるでしょうが、「庁法25条を撤廃しなければ海上保安庁と連携できない」と考えている方は、少数派ではないでしょうか。

「海上保安庁は軍事訓練を受けていないから自衛隊とはうまく連携できない」という理屈なら、同じく軍事訓練を受けていない警察も自衛隊とはうまく連携できないことになります。「警察も有事の際には自衛隊と一緒に武器を手に取って敵と戦え！ それに備えて平時から軍事訓練をしっかりやっておけ！」と訴える方はいない（いたとしても限りなく少数派）と思いますが、同じ警察機関でありながら、海上保安庁の場合はそうすることが当たり前であるかのような論調で語られるから不思議です。

## 海保と海自で船舶燃料が異なるのは致命傷？

ところで、同じ日の国会では次のような指摘もありました。

「海保の巡視船と自衛隊の自衛艦では、燃料も、弾薬も違うものを使っている。また給水口や給油口の大きさも異なり、互換性がなく補充し合えないのは問題である」

ここで言及されている「船舶の燃料の違い」や「弾薬の違い」もまた海上保安庁と自衛隊がうまく連携できない〝証拠〟としてよくあげられるものです。また、ここでは言及されていませんが、「階級章の違い」が海上保安庁と自衛隊の連携に支障をきたすという意見まであります。

確かにそれらを同じにしたほうが「何となく」便利であり、「何となく」連携がスムーズにいくような気がするかもしれません。階級章はともかく、「燃料や弾薬を同じにすれば〝何かあったとき〟に融通し合える、共用できるじゃないか」という意見は一見もっともらしく思えます。

しかし、これも実は「何となくの印象やイメージ」に基づく議論です。

まず、燃料の違いについてです。燃料が違うのはエンジンが違うからです。

巡視船はディーゼルエンジンを、自衛艦はガスタービンエンジンを使用しています。この違いは業務の違いによるものです。

ガスタービンエンジンは効率よく高出力が得られ、高速航行に向いていますが、低速航行や頻繁に回転数を変えること（速力を変えること）が苦手です。巡視船は海難救助等においては救助した船を曳航することも多いのですが、その際の速力は数ノット程度の低速でなければなりませんし、業務の特性から頻繁に速力を変えます。

したがって巡視船にはガスタービンエンジンは適さず、ディーゼルエンジンを使用しているのです。自衛艦はその業務目的等から高出力が得やすいガスタービンエンジンを使用しているのでしょう。

そして、このエンジンの違いが燃料の違いにつながってきます。ディーゼルエンジンである巡視船は重油を使い、ガスタービンエンジンである自衛艦は軽油を使います（ただし、ディーゼルエンジンの中でも小型の巡視艇に搭載されている小型高速ディーゼルエンジンは軽油を使いますが、自衛艦の軽油とは引火点が異なる軽油であり、別の油種を使っているのと同じです）。

このように、国会での指摘通り、海上保安庁と海上自衛隊の燃料に互換性はなく、お互い融通し合えません。しかし、それは業務の特性に由来するもので、連携が悪いから融通し合えないわけではありません。

この燃料の違いに関する議論でいちばん重要なのは、「はたして同じ燃料にする〝必要性〟はあるのか？」ということです。

燃料を同じにするということは、海保と海自のいずれかが、業務に適さないエンジンに変えるということですから、本末転倒のような気がします。しかも莫大な経費もかかります。それを押してでも燃料を同じにするメリットはあるのでしょうか？

## 燃料が少なくなるたびに帰港するのは非効率？

先に私の結論を申し上げれば、まったくその必要性はありません。

そもそも、海上保安庁と海上自衛隊が燃料を融通し合わなければいけないシチュエーションが想定できない上に、海上保安庁から海上自衛隊に燃料を融通すること自体が難しいからです。

まず、海上保安庁が海上自衛隊から燃料を融通してもらわないといけないシチュエーションに関して見てみましょう。

船の燃料が違うことによる〝弊害〟の実例としてよく挙げられるのが、2011年の東日本大震災の救援活動におけるエピソードです。

当時、海上保安庁は海上自衛隊とともに船舶を出動させて、行方不明者の捜索や救助、救援活動を行っていました。その際、海上自衛隊の艦艇は自分たちの補給艦から洋上で給油を受けながら活動を続けていましたが、海上保安庁の巡視船は近くの港まで戻って給油していました。

確かにこれだけ聞くと「海上保安庁はなんて効率の悪いことをしているんだ。海上自衛隊の補給艦から洋上で給油してもらいながら活動を続けられれば効率的だろう。有事の際にもそんな効率の悪いことをしていたら致命的じゃないか」と思われるかもしれません。

しかし、実はこれは〝弊害〟でもなんでもありません。

海上保安庁と海上自衛隊の船を比較すると、たとえば同じ3000トンクラスの船でも海自の自衛艦は、百数十人の人員が乗っているので、海上で活動しながら休みのローテーションを回すことができます。それに対して、海上保安庁の巡視船は大型のものでも30～40人程度しか乗っていません。そのため、海上で休みのローテーションを回しながら活動を長期間続けることは難しく、どうしても人員を1週間から10日ほどで交代させる必要があります。

巡視船に積んでいる水や食料も、そうした活動期間を想定した分量です。一方、燃料に関しては、大型巡視船だと1カ月以上は持ちます。

つまり、船の燃料が尽きる前に、水や食料、人間の疲労度のほうが先に限界を迎えてしまうわけです。

ちなみに、小型船だと燃料は2、3日しか持ちませんが、人員も10人未満なのでやはり1日から2日で交代する必要があります。

当然ながら、海上保安庁は、こうした事情を踏まえて、現場に投入する船のローテーションを考えています。たとえば10隻必要な現場だと判断したら、常に現場に10隻いることができるように、20〜30隻の船で回すローテーションを組んでいます。

このように燃料そのものが運用の制約になっているわけではありませんので、燃料の補給を受けることができたとしても、効率的になるわけではありません。

そもそも、海上自衛隊が補給艦を必要としているのは、艦隊を組んで1カ月も2カ月も行動するからです。海上保安庁は、有事下も含めて、基本的にはそういう行動はしません。

## 海保・海自の船で給油口のサイズが合わないのは問題？

東日本大震災の事例と同様、尖閣でも海上保安庁の巡視船が帰港して燃料補給していることを非効率的だ。洋上で給油できるよう対応すべきだと批判する意見もありますが、海上保安庁が巡視船を交代させる形で運用している理由は先に述べた通り、燃料の制約の問題ではなく（燃料補給のためではなく）、人員の疲労度の問題です。

さらに、この洋上給油の議論に関しては、海上保安庁の巡視船の給油口のサイズが海上自衛隊の補給艦の給油管のサイズと合っていないことを問題視する声もありますが、ここまで読んでいただければ、本質からはずれた議論であることがおわかりいただけると思います。単に給油口のサイズ違いが問題なら、適合させるアダプタをつければいいだけのことです。

それよりも、この議論の本質は「そもそも洋上給油の〝必要性〟がない」というひと言に尽きます。

実際、海上保安庁からも海上自衛隊からも「給油口のサイズが異なるのは問題だから至急なんとかしなくては」という声は上がっていません。〝必要性〟がないからです。一般的な印象やイメージはさておき、実務の世界では必ずしも「できないこと＝問題」ではありません。

ちなみに、仮に燃料を同じにして、給油口のサイズを合わせたとしても、海上自衛隊の補給艦から海上保安庁の巡視船への洋上給油は、燃料の輸送速度の問題から現状では難しいと思います。

と言うのも、補給艦が護衛艦に燃料を送る速度（油圧）は高速（高圧）なので巡視船の給油設備が壊れてしまうおそれがあるからです。

もちろん、そうした技術的な問題は今後の技術の進歩でカバーできるようになるかもしれませんが、先ほども述べた通り、そもそもその必要性がないということです。

とにかくこうした意見が出てきた時には、「〝必要性〟があるのか」という視点を踏まえながら、主張の内容が妥当かどうか検討してみる必要があるでしょう。

## 海保が海自と燃料を共用するのはそもそも不可能？

次に「海上保安庁から海上自衛隊に燃料を融通すること自体が難しい」という点に関して見てみましょう。

そもそも海上保安庁は大型巡視船用の給油施設（燃料タンク）を持っておらず、燃料は民間のバンカーバージ船（燃料給油船）やタンクローリー車から直接、巡視船に給油しています。

巡視艇クラスの小型船用の燃料タンクはありますが、大型船用の燃料タンクは一部の例外を除き持っていないのです。そのため、基地に立派な燃料タンクを持っている海上自衛隊から海上保安庁が一方的に燃料をもらうことはできても、海上保安庁が海上自衛隊に燃料を供給することはできません。つまり、双方で燃料を「融通し合う（共用する）」ことはできないのです。

さらに言うなら、海上保安庁は燃料費自体も補正予算で補填しながらなんとかギリギリでやりくりしているという〝台所事情〟があるので、そもそも海上自衛隊に燃料を融通できるほどの余裕はありません。

はたしてそのような状況下で、海上自衛隊と燃料を共用するために、海上保安庁の基地に（カネと時間をかけて）大型の燃料タンクをつくるべきでしょうか。

また、海上自衛隊には相応の規模の基地がありますが、海上保安庁にはいわゆる基地と呼べる施設があるのは横浜と石垣くらいで、それ以外は公共の岸壁（巡視船のほか、一般の民間船も使用できる岸壁）の一部を借りて利用しています。そのため、燃料タンクを海上保安庁の意志で自由に設置すること自体が難しいのです。

海上保安庁に海上自衛隊と同じような燃料タンクがあるのならば燃料共用の議論は成り立ちますが、それがない現実では飛躍した議論だと思います。

いずれにせよ、燃料タンクも補給艦もある海上自衛隊が、そのどちらもない海上保安庁に燃料の供給を受けるということは考えられません。海上自衛隊にとっても油種を同じにする必要性もメリットもないでしょう。

## 護衛艦を巡視船に転用すれば海保の戦力強化になる？

2013年3月、尖閣周辺の中国船対応強化策の一環として「海上自衛隊の退役護衛艦を海上保安庁の巡視船に転用できないか」という検討が関係者間でなされ、最終的に海上保安庁側が辞退したことがありました。いわゆる護衛艦転用問題です。

これについては、安全保障に関心の高い人ほど「中国海警局も海軍の軍艦を転用した船で戦力を増強してきた。海上保安庁も同じことをして戦力を増強すればいいじゃないか。退役護衛艦を有効活用しないなんて、国防意識に欠けている」といった主張が強かったように思います。

確かに、たくさんの国民の税金を投じて建造した護衛艦を退役後に廃棄処分するくらいなら、巡視船にして〝再利用〟したほうが海上保安庁の戦力強化につながり、資源の有効活用にもなって「一石二鳥」のような気がします。

しかし、それも「何となくの印象やイメージ」です。

一見、「退役護衛艦の巡視船への転用」は大きなメリットがあるように思えますが、実はメリットがありません。

自衛隊が使用する船は、基本的に船舶の安全基準等を規定した船舶安全法の適用が除外されているので、護衛艦も自分たちのオリジナルで好きなようにつくることができます。

一方、よく「海上保安庁の船は民間の船と同じだ」と揶揄《やゆ》されることがあるように、海上保安庁が使用する船は、船舶安全法の適用を受けるので、民間と同じ安全基準があります。

つまり、退役護衛艦を海上保安庁が運用するとなると、船舶安全法に適合する形に改修しなければならないのです。また損耗している箇所もあるはずなので、それらも修理・交換する必要があります。当然、巨額の費用がかかります。

退役護衛艦は本来廃棄処分される船です。エンジンも数年で寿命を迎えることになるため、やはり交換しなければなりません。エンジンは、海上保安庁の船艇の場合、全船価の4分の1から3分の1を占めるほど高価なものです（護衛艦の場合は高価な武器も搭載するので比率は異なるかもしれません）。

それだけコストをかけて、中古の護衛艦を巡視船に転用したとしても、今度は船を操作できる人員を育てる必要があります。「護衛艦と一緒に自衛官も海上保安庁に来ればいいのでは？」と思われるかもしれませんが、自衛隊も人員不足で困っているので無理でしょう（海上自衛隊は自衛隊の中でも特に人手不足です）。

そもそも護衛艦を動かすにはたくさんの人手がいります。先ほども例に挙げましたが、同じ３０００トンクラスの船の場合、海上保安庁の巡視船の乗組員数は30～40人、海上自衛隊の護衛艦だと１００人以上です。その全てが運航要員ではないでしょうが、海保の数倍の運航要員が必要とされる船舶であることがおわかりいただけると思います。

海上保安庁の船がそれだけ少ない人員で動かせるのは、これまでさまざまなところで省力化を図ってきた努力の積み重ねがあるからです。護衛艦を転用した巡視船の場合、通常の巡視船のような効率的な運用をするのは難しいと言わざるを得ません。

また、海上保安庁と海上自衛隊とでは目的や任務が異なるので、船舶に求められる機能・性能もまったく異なります。

護衛艦を巡視船に転用するとなると、救命・救難の機材を充実させるなど、海上保安庁の任務遂行に適した装備を揃えなければなりません。逆に任務に適さない兵器類などは外す必要があります。それだけの手間暇や、たくさんのヒト・モノ・カネを費やして護衛艦を無理に巡視船に転用したとしても、結局は海上保安庁の任務遂行に適した「使い勝手の良い巡視船」にはなりません。警察が陸上自衛隊から強力な戦車をもらっていくら改造したところで、パトカーとしては役に立たないようなものです。

そんなメリットもないことをするくらいなら、海上保安業務に適した新しい巡視船を建造したほうが、海上保安庁にとっても、日本国全体にとってもプラスになると思います。

## 護衛艦を巡視船に転用しないと海警に対抗できない？

中国が海軍の軍艦を海警局に転用しているという現実を踏まえれば、「海上保安庁も護衛艦を転用した巡視船くらい持っていないと海警に対抗できないのではないか」と考える気持ちもわからないではありません。

しかし、それも「何となくの印象やイメージ」でしかありません。

海上保安庁からすると、相手の船が元軍艦であってもやるべきことは同じです。海上保安庁の最大の関心事は、目の前で対峙している相手がどの程度強いのか、です。

確かに中国海警局が年々勢力を増強し、大型化・武装化してきているのは大変な脅威です。しかし、現状、海上保安庁が中国海警局に力で負けているかと言われると、けっしてそんなことはありません。これは私個人の感想ではなく、事実として、海上保安庁が中国海警局に後れをとったことは一度もありません。

マスコミ報道等のイメージから、海上保安庁が尖閣で中国海警船に負けている（劣勢に立たされている）という印象を持っている方が少なくないかもしれませんが、これまで海上保安庁は互角以上に渡り合ってきました。

当然、その力関係を今後も維持していくには、相手が強くなる以上にこちらも強くなる必要があります。

しかし、カネも人手も多くを必要とする使い勝手の悪い船を増やしたところで、現実的には海上保安庁の「戦力増強」にはならないのです。

海上保安庁の実力や中国海警局にどう対抗していくかについての話は第五章で改めて述べ

ます。

## 弾薬を共用できないのは致命傷？

話を海上保安庁と自衛隊との連携に戻しましょう。

海上保安庁と海上自衛隊の船舶で使用している燃料が異なるから連携に支障をきたすという話は、「何となくの印象やイメージ」に基づくものであって、根拠がないことをこれまで述べてきました。

先に少し触れた、両組織で使用している弾薬の種類や階級章の違いについても同じことが言えます。

要するに、「必要性がない」のです。

まず、事実関係を整理しましょう。

弾薬が違うのは、武器が違うからです。

巡視船の武器は犯人を逮捕するためのものです。相手の抵抗を抑止する、あるいは船舶の進行を停止させる程度の小火力です。しかし自衛艦が持つ武器は、基本的に、相手を破壊、殲滅させるためのものですから、大火力となります。武器の違いは業務の違いによるのです。

そして、この武器の違いが弾薬の違いにつながってきます。

海上保安庁が保有する搭載武器の弾薬は、口径13ミリ銃、20ミリ銃、30ミリ銃、35ミリ銃、40ミリ銃です。一方、海上自衛隊が保有する搭載武器の弾薬は、40ミリ銃以外の海保が保有する全ての弾薬と、40ミリ銃を超える大きな口径の弾薬やミサイル等です。

つまり、海保が保有する弾薬で自衛隊と互換性がない弾薬は40ミリ銃だけです。13ミリ銃、20ミリ銃、30ミリ銃、35ミリ銃は互換性があります。

しかし、これまで、自衛隊から弾薬の供給を受けなければならないような事態はなく、自衛隊との連携や任務に支障をきたすようなこともありませんでしたし、今後も相互補給（共用）が必要とされるシチュエーションは想定されにくいと考えています。

海上保安庁と海上自衛隊の間で弾薬を相互補給する必要性があり、かつそれが可能な状況とは、いったいどういう場面でしょうか。

普通に考えれば、巡視船と自衛艦が同じ海域にいて、同じ対象に対して、いずれかの船舶が

郵便はがき

お手数ですが
切手を
お貼りください

150-848

東京都渋谷区恵比寿4-4
えびす大黒ビ
ワニブックス書籍編集

お買い求めいただいた本のタイトル

本書をお買い上げいただきまして、誠にありがとうございます
本アンケートにお答えいただけたら幸いです。
ご返信いただいた方の中から、
**抽選で毎月５名様に図書カード（500円分）をプレゼントします**

ご住所　〒

TEL（　　-　　-

(ふりがな)
お名前

年齢

歳

ご職業

性別

男・女・無回答

いただいたご感想を、新聞広告などに匿名で
使用してもよろしいですか？　（はい・いいえ）

※ご記入いただいた「個人情報」は、許可なく他の目的で使用することはありませ
※いただいたご感想は、一部内容を改変させていただく可能性があります。

●この本をどこでお知りになりましたか?(複数回答可)

. 書店で実物を見て　　2. 知人にすすめられて
. SNSで(Twitter:　　Instagram:　　その他　　)
. テレビで観た(番組名:　　)
. 新聞広告(　　新聞)　6. その他(　　)

●購入された動機は何ですか?(複数回答可)

. 著者にひかれた　　2. タイトルにひかれた
. テーマに興味をもった　　4. 装丁・デザインにひかれた
. その他(　　)

●この本で特に良かったページはありますか?

●最近気になる人や話題はありますか?

●この本についてのご意見・ご感想をお書きください。

以上となります。ご協力ありがとうございました。

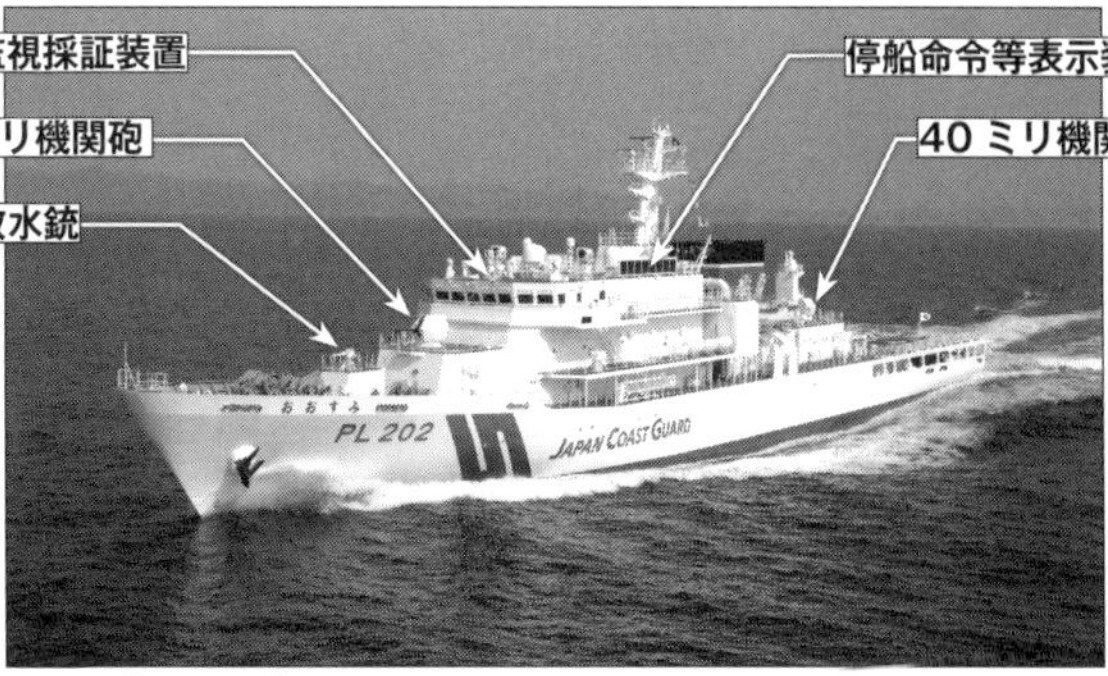

巡視船「おおすみ」

巡視船「あさなぎ」

巡視船「やひこ」射撃訓練

弾切れするほど弾薬が必要な共同ミッションを遂行している場面ということになります。

では、平時であれ、有事であれ、あるいはグレーゾーン事態であれ、そういうシチュエーションは起こりえるのでしょうか。

少なくとも私には思いつきません。

対峙する相手が不審船や漁民に偽装した武装集団、外国公船なら基本的には海上保安庁だけで対処すべきですし、実際にこれまでもそうしてきました。前章で見た2001年の九州南西海域工作船事件の時もかなりの弾を使用しましたが、弾切れは起こしていません。基本的にミッション遂行に必要な弾薬を十分に用意し、必要十分な勢力（隻数）で対処するのです。

では、有事下で、相手が軍艦だとしたらどうでしょうか。

繰り返しになりますが、統制要領によって明確にされた海上保安庁と自衛隊の連携は「同じ海域でともに武器を取って一緒に同じ敵と戦う」という類のものではありません。自衛隊は国防の分野で、海上保安庁は国民保護の分野でそれぞれスペシャリストとして活動し、お互いが最大の力を発揮し合えるようにするための協力体制です。

したがって有事下で相手が軍艦なら、海上保安庁の出番はありません。海上自衛隊の出番です。

そもそも海上保安庁の巡視船が軍艦に弾を撃つような状況は想定されません。万が一攻撃すれば、巡視船が「軍事目標」となってしまい、有事下の海上保安庁にとって最も重要であり、大きな成果も期待できる国民保護措置の役目を果たせなくなります。

## 海保も米沿岸警備隊も有事下の動きはあまり変わらない？

世界のコーストガードは、有事下で、軍隊とともに戦闘するのでしょうか？

軍艦と交戦しないのは日本の海上保安庁だけなのでしょうか？

各国のコーストガードが有事の際、軍隊として活動するのか否か、その根拠法を見るだけでは必ずしもわかりません。日本のように「軍事活動はしない」と明記している国や米国のように「有事の際には軍事活動を行う」と明記している国はわかりやすいのですが、こうした規定がない国も多いからです。

では、有事の際には軍事活動を行うとされているコーストガードの巡視船は、自国の軍艦とともに同じ海域で敵国の軍艦と戦っているのでしょうか？

この点はおそらく多くの方が〝誤解〟されていると思います。

弾薬の話からは少し逸れてしまいますが、海上保安庁をめぐる議論の大前提となる重要な内容、そもそもの話なのでここでお話をさせていただきます。

たとえば、アメリカ沿岸警備隊は「第5軍」と呼ばれ、米軍を構成する6つの軍種のひとつに数えられています。有事の際には軍事機能も発揮します。

しかし、他の5つの軍種（陸軍・海軍・空軍・海兵隊・宇宙軍）が国防総省に属しているのに対し、沿岸警備隊は国土安全保障省に属し、平時は海上警備を主とした法執行機関としての警察活動に従事しています。

つまり、準軍事機関とされるアメリカ沿岸警備隊も、平時はいわゆる「軍隊」ではなく、海上保安庁と同様に「非軍事の法執行機関」として活動しているのです。

確かにアメリカ沿岸警備隊は米海軍と平時から密接な連携・協力体制を築いています。一方、有事の際に軍事活動に従事するからといって、米海軍と協働して正面の敵の軍艦と撃ち合うわけではありません。コーストガードが保有する装備、対峙する相手の能力などを踏まえ、全体の戦略オペレーションの中で、適切な役割分担、任務、海域が与えられるのであって、少なくとも常に軍艦とともに行動し、協働して正面の軍艦と戦うということではありません。

これはおそらくアメリカに限った話ではなく、一般的に海軍とコーストガードでは「戦闘」のフェーズが異なるのだと思います。

そもそも、ミサイルをバンバン撃ってくる軍艦を相手に、最大でもせいぜい76ミリ機関砲しか持っていないコーストガードの巡視船がまともにやり合えるわけがないのです。

そういう意味では、もしかすると単に〝表現〟が異なるだけで、我々が「法執行活動」としてやっていることを彼らは「軍事活動」という認識でやっているということなのかもしれません。

つまり、有事の際の動きは、非軍事の海上保安庁も、アメリカ沿岸警備隊のような準軍事機関のコーストガードも、実はそれほど変わらないかもしれないということです。

諸外国のコーストガードの方々と話をしていると、自分たちのやっていることを法執行活動なのか軍事活動なのかあまり意識していないように感じます。

たとえばアメリカ沿岸警備隊の方と話をした際には「法執行活動だとか軍事活動だとか日本（海保）は気にするけど、結局やるべきことは変わらないから一緒だよ。アメリカ沿岸警備隊も海上保安庁もやることは同じじゃないか」という大陸的リアクションをよくされます。いかにもアメリカ人らしい、おおらかな発想だと思います。彼らからすると、海上保安庁を軍事機関にすべきか否かという日本国内の議論も「どうして日本人はそう難しく考えるんだ？」という感覚なのかもしれません。

とは言え、彼らもアメリカ沿岸警備隊と海上保安庁とでは〝生い立ち〟に違いがあること、できることとできないことを十分に理解してくれています。国によってコーストガードのあり方は異なるという事情もよくわかっているので「海上保安庁も俺たちのように軍隊になるべきだよ」や「軍事機能を持たなければ俺たちとはまともに連携できないよ」などということは言われたことがありません。

## 「弾ありき」ではなく「武器ありき」

話を弾薬に戻します。

有事にしろ、平時にしろ、グレーゾーン事態にしろ、海上保安庁の主たる任務は「戦闘」ではありません。「海上保安庁と海上自衛隊が同じ海域で共通の敵に向かって弾を撃つ」というシチュエーションを想定するなら、確かに弾薬を相互補給（共用）できたほうがいいかもしれませんが、そもそもそういうシチュエーションが想定されないことは先にお話しした通りです。「グレーゾーン」や「有事」という言葉の響きなどから、「何となくの印象やイメージ」で、海上自衛隊と海上保安庁が同じフィールド（海域）で同じように敵と戦う光景を想像している方は意外と多いのではないでしょうか。

海上保安庁と海上自衛隊で弾薬を相互補給しなければならないようなシチュエーションがないなら、弾薬の種類を無理に合わせる必要性もありません。

そもそも海上保安庁にとって重要なのは、弾薬の種類ではなく、武器の種類です。

つまり、海上保安庁の各任務を遂行するのに適切な武器を所持しておくことがまず重要なのであって、その武器で使用されている弾薬の種類が自衛隊と同じであるか否かは二次的な要素でしかありません。

よくよく考えれば当たり前の話ですが、「弾薬ありき」ではなく「武器ありき」なのです。

先にも述べましたが海上保安庁が保有する弾薬で自衛隊と共有できないのは40ミリだけです。その意味では、両組織の装備にまったく互換性がないわけではありません。

ただ、たとえば30ミリ機関砲ひとつとっても、いろいろな種類の弾があります。単なる鉛の塊のような弾もあれば、硬度が高く貫通力が強い徹甲弾や、着弾の衝撃で中に仕込んだ火薬が爆発する炸薬弾など、殺傷能力の低いものから高いものまでさまざまです。

法執行機関である海上保安庁には、任務上、殺傷能力の高い弾はふさわしくありません。必要以上に強力な武器を持つことは、前章で述べた「警察比例の原則（ある侵害行為を防ぐために必要最小限度の力しか使えないという原則）」からもできないのです。

一方、自衛隊は任務上、殺傷能力が高い弾も当然使用しています。

では、海上保安庁が「弾切れ」した場合には、海上自衛隊から殺傷能力の高い弾をもらうべきなのでしょうか。

法執行機関の看板を掲げている以上、当然そんなことはできません。

そもそも、海上保安庁が使用しているような武器は、はっきり言って自衛隊からするとメインで使用するものではない〝弱い武器〟です。

そんなメインではない〝弱い武器〟の〝弱い弾〟を自衛隊もそれほど豊富にストックしているとも思えないのですが、仮に自分たちで使う必要最低限の量しか保有していないとすると、海上保安庁に融通するためだけにその〝弱い弾〟のストック量を平時から増やしておくのでしょうか。

そして、何らかの状況で海上保安庁が「弾切れ」した時には、わざわざ自分たちの持ち場を離れて、その〝弱い弾〟を海上保安庁が活動している海域まで運んでくれるのでしょうか。

自衛隊側からするといい迷惑でしかないでしょう。

## 弾薬に合わせて武器を選ぶのは本末転倒

これは燃料の話にも通じますが、仮に海上保安庁が「弾切れ」したとしても、他の巡視船が対応するか、他の巡視船で弾薬を輸送すればいいだけのことです。わざわざ自衛隊を巻き込まなくても、海上保安庁内で完結します。

また逆に自衛隊が海保から〝弱い弾〟の補給を受けなければならないというシチュエーションも想定できません。自衛隊には他にもっと強力な武器・弾薬はいくらでもありますし、海保以上にたくさん弾薬は持っているからです。

そもそも「警察」と「軍隊」では目的も任務も異なるので、使う武器が違うのは当たり前のことです。

当然、「警察」である海上保安庁には、（世界基準で「軍隊」と見なされる）自衛隊のような強力な武器は必要ありません。と言うより、持つことが許されません。

意外に思われるかもしれませんが、あの中国海警局の「元軍艦」の船でさえ、搭載武器の最大は76ミリ機関砲です。それ以上の「警察」にふさわしくない強力な武器はあらかじめ外して運用しています。

現状、海上保安庁は、自分たちの任務を遂行する上でいちばん適した武器を揃えています。重要なのは、自衛隊と弾薬を融通し合えるか否かという観点よりも、任務に対応するためにどういう種類の武器を持つかということです。

つまり、自衛隊との弾薬の種類の違いは、〝結果〟でしかないということです。

自分たちの任務に適しているか否かという問題を無視して、弾薬に合わせて武器を選ぶなど、まさに「本末転倒」でしょう。

## 庁法25条撤廃・改正論に欠けている〝必要性〟の視点

もうひとつ「そもそもの話」をすると、世界基準で「軍隊」と見なされる自衛隊と弾薬を相互補給するという行為自体も、有事下では大いに問題があります。

有事下では弾薬を融通し合う行為は軍事活動と見なされ海上保安庁の巡視船が「軍事目標」にされる可能性が高まるのです。

繰り返しになりますが、巡視船が「軍事目標」にされてしまうと、有事下における海上保安庁の重要な任務である国民保護措置にも支障をきたします。

つまり、有事の際に自衛隊と弾薬の相互補給をすること自体、海上保安庁が創設以来築き上げてきた非軍事機関としての信用力や、平時から取り組んできた「軍事目標」にならないための努力を自ら放棄し、わざわざ相手につけ入る隙を与えてしまうようなものなのです。結局、日本国民の安全にはつながりません。

これまでも繰り返しお話ししてきたように、海上保安庁をめぐる議論には、「そもそも」の基本的な認識を欠き、「何となくの印象やイメージ」に基づく〝誤解〟が多いように思います。

海上保安庁のありようを議論するには先入観なく、現実に基づいた、冷静で地に足の着いた議論が必要だと思います。

ここまで述べてきた庁法25条関連の議論や、そこから派生する燃料・弾薬の共用論などは、海上保安庁や自衛隊、あるいは日本国のあるべき姿についての議論というよりは、「海上保安庁が〝軍隊〟ではない現状」に対する非難に近いもののように思います。

つまり、「コーストガードは〝軍隊〟であるべきだ。軍事機能を持つべきだ」という揺るぎない大前提(彼らにとっての〝正解〟)がまずあって、「実務上の〝必要性〟があるか否か」という基準ではなく「軍隊と同じか否か」に基づいて異なる点を批判的に指摘しているだけのような気がするのです。

## 連携で重要なのは相手の「階級」よりも「役職」

続けて階級章の違いについても見ていきましょう。

海上保安庁と自衛隊の階級章を比較すると、確かに一箇所だけ異なるところがあります。海上保安庁には自衛隊の「中尉」にあたる階級章がないのです。

ただ、それによって実務上の不便・不都合が生じたという話は聞いたことがありません。

もちろん、自衛隊の方たちの中には「同じ階級章のほうがわかりやすくていいのに」と思っている方は実際にいると思います。

とは言え、そういう意見の方たちにとっても「現場が混乱するから早く是正してほしい」と訴えるほどではないでしょう。

ちなみに、自衛隊の階級章は米軍やアメリカ沿岸警備隊とも同じなので、確かに海上保安庁の階級章だけやや〝特殊〟な並びになっています。

しかし、連携・協力の際に重要になるのは、相手の階級ではなく「役職」です。

私から見ると、どちらかというと階級はその役職についてくる付随的な要素にすぎません。

相手が何の責任者なのか、どういう責任の範囲で仕事をしているのか、その責任の範囲によって一緒に仕事をする相手はほぼ自動的に決まります。

だから、階級章の並びにちょっとした違いがあるからといって連携に支障をきたすようなことはあまり考えられないのです。

| | 袖章 | 胸章 | 肩章 |
| --- | --- | --- | --- |
| 長官 |  |  |  |
| 次長・海上保安監 |  |  |  |
| 一等海上保安監・甲 |  |  |  |
| 一等海上保安監・乙 |  |  |  |
| 二等海上保安監 |  |  |  |
| 三等海上保安監 |  |  |  |
| 一等海上保安正 |  |  |  |
| 二等海上保安正 |  |  |  |
| 三等海上保安正 |  |  |  |
| 一等海上保安士 |  |  |  |
| 二等海上保安士 |  |  |  |
| 三等海上保安士 |  |  |  |

海上保安庁階級章（海上保安庁 HP を参考に作成）

| | | | 陸上自衛隊 | 海上自衛隊 | 航空自衛隊 |
|---|---|---|---|---|---|
| 幹部 | 幹部 | 将 | 陸上幕僚長 | 海上幕僚長 | 航空幕僚長 |
| 幹部 | 幹部 | 将 | 陸将 | 海将 | 空将 |
| 幹部 | 幹部 | 将補 | 陸将補 | 海将補 | 空将補 |
| 幹部 | 佐官 | 1佐 | 1等陸佐 | 1等海佐 | 1等空佐 |
| 幹部 | 佐官 | 2佐 | 2等陸佐 | 2等海佐 | 2等空佐 |
| 幹部 | 佐官 | 3佐 | 3等陸佐 | 3等海佐 | 3等空佐 |
| 幹部 | 尉官 | 1尉 | 1等陸尉 | 1等海尉 | 1等空尉 |
| 幹部 | 尉官 | 2尉 | 2等陸尉 | 2等海尉 | 2等空尉 |
| 幹部 | 尉官 | 3尉 | 3等陸尉 | 3等海尉 | 3等空尉 |
| 准尉 | 尉官 | 准尉 | 准陸尉 | 准海尉 | 准空尉 |
| 曹士 | 曹 | 曹長 | 陸曹長 | 海曹長 | 空曹長 |
| 曹士 | 曹 | 1曹 | 1等陸曹 | 1等海曹 | 1等空曹 |
| 曹士 | 曹 | 2曹 | 2等陸曹 | 2等海曹 | 2等空曹 |
| 曹士 | 曹 | 3曹 | 3等陸曹 | 3等海曹 | 3等空曹 |
| 曹士 | 士 | 士長 | 陸士長 | 海士長 | 空士長 |
| 曹士 | 士 | 1士 | 1等陸士 | 1等海士 | 1等空士 |
| 曹士 | 士 | 2士 | 2等陸士 | 2等海士 | 2等空士 |

自衛隊階級章（防衛省 HP を参考に作成）

現に、世界のコーストガードの長官の階級ですら同じではありません。その国におけるコーストガードの位置づけにもよるのでしょうが、階級は違えど、その国のコーストガードのトップであることに変わりはありません。

海上保安庁の階級章は法律で決められているわけではなく政令（内閣が制定する命令）で定められたものですから、変えようと思えば、国会の審議を経ることなく変えることができます。

つまり、〝必要性〟があればすぐにでも変えるでしょうし、逆に言うとそれほど〝必要性〟がないから今まで変えてこなかった（少なくとも優先順位はかなり低い）。結局のところはそういうレベルの話だと思います。

先に述べた燃料や弾薬についても言えることですが、本当に現状を変更する必要性があるなら、真っ先に現場から声が上がってきます。それは庁法25条についても同じことが言えます。

現状は特に問題がないから、現場からは何も声が上がっていないのです。

## 海自と海保は犬猿の仲？

ところで、これも「何となくの印象やイメージ」で、海上保安庁と自衛隊は仲が悪いと思っている方も少なからずいらっしゃるかもしれませんが、けっしてそんなことはありません。仲が良くなかった時代がなかったとは言いませんが、それは昔の話です。今はかなり仲良くやっています。

ドラマや映画、漫画など創作の世界では、ストーリーを面白くするために「海上保安庁vs.海上自衛隊」のような対立が描かれることがあるかもしれませんが、現実世界では、お互い目を合わせない、口もきかない、ナワバリ争いをしているというような実態はありません。

中央もそうですが、現場レベルでも中央が指示する以上に同じ目的に向かって連携が進んでいます。非常に仲良くやっています。むしろ「最後まで打ち解けていないのは〝霞が関〟と〝市ヶ谷〟ではないか……」という冗談が気軽に言えるくらい良好な関係です。

実際、災害派遣などでは、中央で調整するまでもなく、お互い現場レベルで調整しながら、自衛隊は大規模勢力の強みが活かせるところ、海上保安庁は小規模勢力の機動性が活かせるところをそれぞれ分担するなど、阿吽《あうん》の呼吸で連携・協力ができています。

また、仕事以外にも、たとえば一緒に食事をしたり酒を飲んだりするなど、意思疎通を図り、親睦を深める機会はたくさんあります。私が現役時代にも海上自衛隊の方たちと「昼飯会」を定期的に開催していましたし、夜の部も少なくなかったと思います。こうした両組織の交流は形だけのものではありません。少なくとも私の印象では、お互いに言いたいことが言い合える、そんな関係性だったと思います。

私は経験則から、自分たちだけで自己完結的にうまく仕事ができているうちは、なかなか他の組織と連携しようとしないと思っています。しかし、自分たちの組織だけでは対処が難しい事態や、手を組んで立ち向かうべき〝共通の敵〟のようなものが現れると、つまり共通の目標ができると、当然のように連携が始まり強化されてきます。海上自衛隊との関係でいうと、不審船事件がきっかけであったような気がします。

ちなみに、海上保安庁と警察の連携が進んだのも、昭和60年代頃に日本の暴力団と海外のマフィアが手を組み、覚醒剤などの密輸が横行するようになった頃からだったと思います。それぞれの組織が単独行動をしていては〝共通の敵〟である彼らを検挙するのは難しい。そこで、海と陸、それぞれの得意分野で連携して検挙していこうとなったわけです。やはり〝共通の敵〟ができると自然と組織同士は連携が強化され、仲良くなるものなのだと思います。

## 海保の無人航空機が自衛隊の基地から飛んでいる理由

もうひとつ、自衛隊との連携に関連する話をすると、海上保安庁が2022年10月から無操縦者航空機「シーガーディアン」の運用を開始したことは報道等でも大きく取り上げられ、世間の注目を集めました。一方、こちらはあまり世間には注目されていないのですが、実はシーガーディアンは青森県八戸市の海上自衛隊八戸航空基地をベースに運用しています。

なぜ海上保安庁の航空基地で運用しないのかと疑問に思われるかもしれませんが、そもそも海上保安庁は海保専用の空港を持っていません。羽田空港や関西国際空港などの民間の空港の一角を航空基地として借りているのが現状です。航空法には、空港周辺で無人機を飛ばしてはいけないという規制があるので、シーガーディアンも空港内にある海上保安庁の航空基地からは飛ばすことができません。このため自衛隊の航空基地を借りて運用しているのです。

無操縦者航空機「シーガーディアン」

とは言え、自衛隊の基地を拠点にして海上保安庁の無人機を運用することは、自衛隊側にも、無人機運用のノウハウの蓄積や情報共有などの点でメリットがあります。

シーガーディアンは24時間以上飛行することができるため、昼夜を問わず広範囲な情報収集が可能です。搭載しているカメラも高性能で、船舶等を細部まで鮮明に撮影することができるため、得られる情報の質もこれまでより格段に向上しています。

シーガーディアンが収集してきた全ての情報は海上自衛隊とリアルタイムで共有可能なので、海上保安庁が自衛隊の基地を借りてシーガーディアンを運用することは自衛隊との連携強化に直結します。究極的には共同運用していけばよいのではとも思っています。

## 国家安全保障戦略でも重視される法執行機関の役割

ここまで見てきたように、庁法25条が自衛隊との連携・協力の〝足枷《あしかせ》〟になるという議論が出てきたのも、また、海上保安庁と自衛隊の燃料・弾薬・階級章の違いが槍玉にあげられるようになったのも、それだけ日本の安全保障における海上保安庁のプレゼンスが増してきていることの裏返しなのでしょう。

実際、２０２２年12月に政府が決定したいわゆる安保3文書（国家安全保障戦略、国家防衛戦略、防衛力整備計画）においても、海上保安庁が日本の安全保障に果たす役割がしっかりと明記されています。

我が国の安全保障において、海上法執行機関である海上保安庁が担う役割は不可欠である。尖閣諸島周辺を含む我が国領域の警備を万全にし、複数の重大事案発生時にも有効に対応していくため、我が国の海上保安能力を大幅に強化し、体制を拡充する（「国家安全保障戦略」より）。

まず、防衛省・自衛隊においては、我が国における海洋の安全保障の担い手である海上保安庁と緊密に協力・連携しつつ、同盟国・同志国、さらにインド太平洋地域の沿岸国と共に、ＦＯＩＰというビジョンの下、海洋安全保障に関する協力を推進していくこととする（「国家防衛戦略」より）。

あらゆる事態に適切に対応するため、海上保安庁との連携・協力を一層強化する。このため、海上保安庁との情報共有・連携体制を深化するとともに、武力攻撃事態時における防衛大臣による海上保安庁の統制要領の作成や共同訓練の実施を含め、各種の対応要領や訓練の充実を図る（「防衛力整備計画」より）。

これまで国家安全保障戦略のメインは「外交」と「防衛」の二本柱であり、「防衛と外交で日本の安全保障をどのように担保していくか」という議論が中心でした。そのなかにあって法執行機関である海上保安庁についてはほんの数行触れられている程度の扱いでした。

しかし、今回の安全保障戦略では「我が国の安全保障において、海上法執行機関である海上保安庁が担う役割は不可欠である」と安全保障における法執行機関の重要性がしっかりと明記されています。

安保3文書の最上位文書に海上保安庁が法執行機関として国家安全保障に果たすべき役割や体制強化について言及されたのは画期的なことです。

3文書とも防衛省・自衛隊と海上保安庁・警察その他の組織との連携・協力を強調していることから、「防衛省・自衛隊だけでなんとかなる」という認識はもはや政府にはありません。これまで海上保安庁などの法執行機関はいろいろな活動に従事してきたものの、あまり安全保障という切り口から注目されることはありませんでした。そういう意味では時宜《じぎ》を得た認識であり、非常に練られた文書だと思います。

国防は私の専門ではないので、この文書で国防に関する必要なことが十分にカバーできているのかどうかはわかりませんが、少なくとも海上保安庁が関係する部分においては、必要なことがしっかりと書かれていると思います。安全保障の分野で海上保安庁がこれまで人知れず取り組んできた努力がようやく認められたという気持ちで、非常に感慨深いものがあります。

統制要領もこの安保3文書を踏まえて策定されたわけですが、これにより庁法25条をめぐる議論には一旦決着がついたと言えます。

すなわち、「有事の際には各組織の強みを活かしてオールジャパンで対応しよう」という方針が決まったのです。そして、有事の際にも海上保安庁は「非軍事の法執行機関」であり続けなければいけないことも、政府が明確に決めました。

もうすでに決着はついているはずなのに、未だに「庁法25条の〝課題〟が先送りされた」と問題視する意見もあります。

しかし方針が決まったのですから、あとはそれに基づき前進あるのみです。

定められた方針、要領に従って、実際の運用に不具合はないか、より効率的に行うために改善点はないか、訓練等を行うことにより、実効性を確保し、より高いレベルの安全保障環境を整えていく必要があると思います。

さて、日本の安全保障を担保するためには、自衛隊と海上保安庁のような国内機関同士の連携・協力だけでなく、他国との連携・協力も必要不可欠です。安保3文書においても、同盟国・同志国との連携強化の必要性については何度も言及されています。

実はこの分野でも海上保安庁は独自の取り組みを進めているのです。

次章では海上保安庁の国際的な活動について詳しく述べていきます。

# 第四章

# 海上保安分野で世界をリードする海保

## 「自由で開かれたインド太平洋」を具現化してきた海保

日本の安全保障を担保するためには、自衛隊・海上保安庁をはじめとする国内の関係機関の連携・協力だけでなく、他国との国際的な連携・協力も極めて重要です。先に紹介した国家安全保障戦略においても「我が国が、自由で開かれたインド太平洋というビジョンの下、同盟国・同志国等と連携し、法の支配に基づく自由で開かれた国際秩序を実現し、地域の平和と安定を確保していくことは、我が国の安全保障にとって死活的に重要である」と他国との連携・協力の重要性が強調されています。

ご存じの通り、現在日本は「自由で開かれたインド太平洋（ＦＯＩＰ：Free and Open Indo-Pacific）」の実現を推進しています。

アジア太平洋からインド洋を経て中東・アフリカにいたるインド太平洋地域は、世界人口の半数以上を擁する世界の活力の中核である一方、中国・ロシア・北朝鮮に代表される軍事的な脅威や、海賊、テロ、違法操業など安全保障上の課題が多いエリアです。ＦＯＩＰとは、法の支配に基づく自由で開かれた海洋秩序を維持・強化することで、インド太平洋地域を国際社会に安定と繁栄をもたらす「国際公共財」にするための取り組みである、と外務省のＨＰなどでは説明されています。もう少しわかりやすく言うと、「力で現状変更するような勢力を認めず、法とルールを重視する国、つまり日本と同じような価値観の国を増やして国際社会の安定化を図ろう」ということです。

「多数派工作」と言うと悪く聞こえるのですが、誤解を恐れずに言うなら民主主義は多数派が正義です。また、たとえば中国のような強大な国が力に訴えてきた場合、「1対1」では相手にするのが難しくても、「1対多」なら押さえ込むことができます。その意味でも、日本と同じ価値観を持つ国々を増やし、そうした国々と連携・協力を強化していくことは、日本の安全保障にとってとても重要なことです。

ＦＯＩＰは、2016年8月の第6回アフリカ開発会議（ＴＩＣＡＤⅥ）の場で当時の安倍晋三首相が提唱して以来、国際社会から注目され、法の支配に基づく自由で開かれた海洋秩序を実現することの重要性が各国に共有されるようになりました。

あまり世間には知られていませんが、これまで海上保安庁はこのＦＯＩＰを具現化し、世界に広げる活動にも先駆的に取り組んできたのです。

本章では、そうした海保の国際連携の具体例をいくつか紹介したいと思います。

## 国家間の緊張・対立を越えたコーストガードの連携・協力

日本政府は次の3つを柱としてFOIPを推進しています。

①法の支配、航行の自由、自由貿易等の普及・定着
②経済的繁栄の追求（国際スタンダードにのっとった「質の高いインフラ」整備等を通じた連結性の強化、自由貿易協定・投資協定を含む経済連携の強化など）
③平和と安定の確保（海上法執行能力の構築、人道支援・災害救援・海賊対策など）

その中において、海上保安庁は、国際社会における海洋秩序の安定化に向けた取り組みとして、

・各国海上保安機関との連携の強化

・各国海上保安機関の海上保安能力向上

という2つの柱の取り組みを進めてきました。

1つ目の柱である「各国海上保安機関との連携の強化」から見ていきましょう。

これには大きく分けて、2国間の取り組みと、多国間の取り組みがあります。

まず2国間の連携・協力に関して言うと、海上保安庁は、アメリカ・ロシア・中国・韓国・インド・フィリピン・ベトナム・オーストラリア・インドネシア・フランスという地政学上重要な10カ国のコーストガードとは、覚書、協定により2国間の枠組みを構築し、バイ（2国間）で両機関のトップ同士が意見交換をしているほか、実務的な連携・協力も行っています。

特にアメリカ沿岸警備隊とは、1948年の海上保安庁の創設以来緊密な関係を築いてきました。2010年には両機関の人的交流や情報交換などの協力促進のための協力覚書を締結。2022年5月にはその協力覚書の付属文書を作成し、FOIP実現に向けた日米共同の取り組みを「サファイア（SAPPHIRE）」と命名して、一層関係を強化しています。ちなみに、サファイアとは、「Solid Alliance for Peace and Prosperity with Humanity and Integrity on

サファイア訓練（情報伝達・連携訓練）

サファイア訓練（不審船追跡補足訓練）

the Rule-of-law based Engagement」の頭文字をとったもので「法の支配の取り組みにおける誠実と仁愛に基づいた平和と繁栄のための強固な連携」という意味です。

ロシアや中国とも2国間の連携・協力の取り組みをしていたのは意外に思われるかもしれませんが、法執行機関であるコーストガードは、密航・密輸・密漁・人身売買・テロ対策・環境保護・航行安全・海難救助など「海洋秩序の維持」という同じ目的のためなら、政治的な緊張関係のある国とも連携・協力することがあります。こうしたことは軍隊同士では、なかなか難しいでしょうが、法執行機関同士だからできることだと思います。

韓国に関しても、日韓関係が悪化した時期もありますが、1999年以降、合計18回にわたって日韓海上保安当局間長官級協議を開催し、相互理解・業務協力を推進しています。2022年10月には双方の船艇・航空機を用いた日韓合同捜索救助訓練も実施しました。

このようにコーストガード同士の連携は、2国間に政治レベルの緊張・対立があっても成立し得ます。グローバル化が進み、海賊やテロ、密輸、密航、違法操業などの海上の犯罪が容易に国境を越えるようになった今日の国際社会においては、沿岸国一国のみのコーストガードでそれらに対応することは困難です。やはり国境を越えた連携・協力が必要不可欠になります。

インドのコーストガードの11代長官だったジョン・コリン・デ・シルバ中将は、かつて日本とインドとの海上安全保障に関する会議の席上で「インドとパキスタンは戦争もしていたが、両国のコーストガードは、海難救助、海賊対策、密輸対策等で、共通目的のため、協働するこ

## 外国海上保安機関との連携

**２国間**　地政学上重要な関係国と事案対応時の迅速・的確な連携協力を行うため、覚書、協定に基づく２国間の枠組みを構築

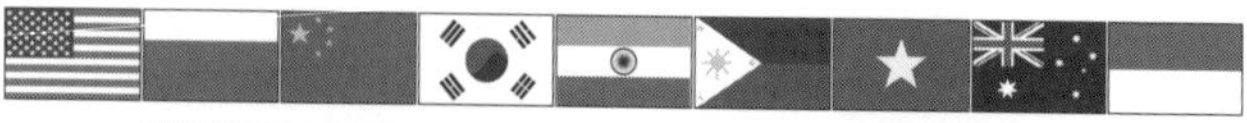

米国沿岸警備隊との長官級会合開催
（2019年、日本・東京）

インド沿岸警備隊との長官級会合開催
（2020年、インド・デリー）

フィリピン沿岸警備隊との長官級会合開催
（2022年、日本・東京）

**多国間**　○国際犯罪は、グローバル化・ボーダレス化し、事故・災害は大規模化する傾向
○各国が連携することにより、関連する犯罪や事故・災害に対応

北太平洋海上保安フォーラム
（NPCGF）
2000年から開催
（第20回、ロシア・ウラジオストク）
6カ国

アジア海上保安機関長官級会合
（HACGAM）
2004年から開催
（第18回、インド・ニューデリー）
22カ国・1地域・2機関

世界海上保安機関長官級会合
（CGGS）
2017年から開催
（第3回、日本・東京）
86カ国・1地域96海上保安機関等

とができている」と発言したことがあるそうです（第1回海上保安フォーラム、廣瀬肇海上保安大学校名誉教授基調講演「海上保安庁創設に至る背景と海上保安庁法第25条の意義」）。これは法執行機関であるコーストガードが持つ特性をよく表した言葉だと思います。

## 海保が主導してきた多国間のコーストガードの取り組み

続いて、多国間の取り組みを3つ紹介します。

1つ目は、北太平洋海上保安フォーラム（NPCGF：North Pacific Coast Guard Forum）です。海上保安庁の提唱によって2000年からスタートしました。北太平洋の海洋秩序維持を図ることを目的とする取り組みであり、北太平洋地域の6カ国（日本・カナダ・中国・韓国・ロシア・アメリカ）の海上保安機関のトップが一堂に会し、北太平洋の海上の安全・セキュリティの確保、海洋環境の保全等を目的とした各国間の連携・協力について毎年協議を行っています。

また、近年では、北太平洋の公海上の漁業監視共同パトロールや、現場での連携をより実践的なものとするための多国間多目的訓練など、机上の議論ではない現場レベルの取り組みも推進しています。

2つ目は、アジア海上保安機関長官級会合（ＨＡＣＧＡＭ：Head of Asian Coast Guard Agencies Meeting）です。こちらも２００４年に海上保安庁の提唱で第1回会合を開催して以降、毎年開催されています。

アジア地域の22カ国1地域2機関で構成され、アジアでの海上保安業務に関する地域的な連携・強化を図ることを目的とする多国間の取り組みです。議長国は毎年持ち回りですが、海上保安庁は常に副議長あるいは事務局的な立ち位置で本会合をサポートし、主導しています。そのため、参加機関の海上保安庁に対する信頼は厚く、話がうまくまとまらないような時でも日本の調整によって合意にいたるようなケースも珍しくありません。

東南アジアの国の中には、こうした大きな国際会議の開催に慣れていない国もあります。実際、私が長官代理で参加した時にも議長国がうまく調整できないことがありました。しかし、そういう時でも、日本が間に入ることにより、意外とすんなりと話がまとまることがあるのです。

## 「日本にこれ以上迷惑はかけられない」

３つ目の多国間の取り組みを紹介する前に、私が体験した象徴的なエピソードを紹介します。

アジア海上保安機関長官級会合では、議論すべきテーマが複数ありますが、あらかじめテーマごとに担当国が決められ、そのテーマを主導します。そして本会合までに参加国全ての同意を得て、本会合に臨みます。

私が参加した時にはインドが担当したテーマに対してパキスタンが突如反対を唱えました。それ以前の調整段階ではパキスタンも同意していたはずなのに、いよいよ明日は本会議だという時に〝ちゃぶ台返し〟をしたのです。やはり印パ戦争をしていた国同士ですから、先に紹介したデ・シルバ中将の発言があるとはいえ、基本的にはあまり仲が良くないのでしょう。

当時の議長国はスリランカでした。スリランカは突然起こった「印パ戦争」に完全にお手上げ状態です。

そこで、日本（海上保安庁）が調整に乗り出すことになりました。とりあえずパキスタン側の言い分を聞いてみると、返ってきたのはこんな答えです。

「プロフェッショナルじゃない」

どういうことなのか？　何が問題なのか？　まったく見当がつきませんでした。しかし、少なくとも何か本質的な問題があって反対しているようには見えません。インド主導なので、理屈抜きで反対と言っているようにしか見えませんでした。さすがに私にも打つ手なし。議長国のスリランカと同様、完全にお手上げ状態でした。

深夜になった頃には、当時の長官に、話がまとまらなかったことを謝るしかないと覚悟を決めていました。とは言え、これで議題自体が潰れてしまってはいけません。来年以降、どうやって議題を継続させようかと考えていると、交渉に当たっていた職員が飛んできました。

「パキスタンが合意してくれました！」

私はそれを聞いて安堵したのですが、なぜパキスタンが突然合意したのか、その理由を尋ねました。返答はこうでした。

「『日本にこれ以上迷惑はかけられない』とのことです！」

こうして振り返ってみても最初から最後まで理解困難な経緯ですが、パキスタンも常に汗を流し会議に取り組む海上保安庁の姿を見、そして日本を信頼しているからこそ「日本のメンツを立ててやろう」という形で、振り上げた拳をおろすことにしたのだと思います。

## 一省庁が全世界から組織のトップを集めて国際会議を開催

さて、3つ目に紹介するのは、地域の枠組みを超えた、全世界的な取り組み、日本財団と共催で開催している世界海上保安機関長官級会合(CGGS：Coast Guard Global Summit)です。

海上保安機関の地域レベルの取り組みは、北太平洋やアジア地域のみならず、実は、北大西洋やヨーロッパ地域などでも行われています。しかし、全世界レベルでの取り組みは、2017年9月に開かれた第1回世界海上保安機関長官級会合が世界初です。

これも海上保安庁の提唱によってスタートし、第1回会合には世界34カ国1地域、38の海上保安機関等が参加。2019年の第2回会合には世界中から75カ国84機関が集まりました。

また、本会合とは別に実務者レベルの会合もあり、2021年にオンラインで開催された「第2回世界海上保安機関実務者会合」には、過去最多となる計98の海上保安機関等（88カ国及び10の国際組織）の実務者が参加しました。

『海上保安レポート2023』をもとに作成

そして2023年10月、コロナ禍でなかなか開催できなかった第3回世界海上保安機関長官級会合がようやく日本で開催され、すべての大陸から86カ国1地域96機関が集まりました。参加機関は回を重ねるごとに右肩上がりで増えています。

日本そして海上保安庁に対する信頼がなければ、いくら世界会議を開いたところで世界中からこれだけの数の組織のトップは集まってくれません。

ここで、改めて言いたいのは、これまで紹介した多国間の取り組みはいずれも日本が主導しているということです。

現状、日本が世界を主導できる分野はそれほど多くはありません。しかし、海上保安分野に関しては、疑いなく日本が世界を主導している数少ないひとつなのです。

しかも、その舵取りをしているのが、一省庁にすぎない海上保安庁です。

## 世界海上保安機関長官級会合

地球規模の自然環境や社会環境の変化によりグローバル化する課題に対して、世界の海上保安機関が地域の枠組みを超え、法の支配に基づく海洋秩序の維持など基本的な価値観を共有し、力を結集して取り組むための「新たな対話と協力の場」として、日本の呼びかけ(海上保安庁と日本財団との共催)により平成29年から開催。

## 第3回世界海上保安機関長官級会合の結果概要

**(1)会合運営ガイドライン**

世界海上保安機関長官級会合をより機能的で持続可能な枠組みとするため、オンライン及びハイブリット形式による会合を可能とするほか、開催場所等の決定方法を明確化するなどの内容を含む、会合運営ガイドラインの改正案が支持された。

**(2)情報共有手法**

各国における先進的な成功事例や経験、人材育成のための有益な情報などを共有し、世界の海上保安機関間の情報共有及び能力向上を促進することを目的として構築を進めてきた専用ウェブサイトについて支持されたことから、以後、同ウェブサイトの公式運用が開始される。

**(3)海上保安国際人材育成**

「新たな教育機会」として実施してきたオンラインプログラム(オンラインを活用した世界の海上保安機関等の職員が聴講できる基調講演・パネルディスカッション)について、取り組み状況及び評価の報告を行い、その有効性を確認するとともに、今後、海上保安機関の教育機関等の専門家の出演を依頼するなど、より教育効果の高い方法を追求しながら同プログラムを継続実施していくことについて支持された。また、今後、上記専用ウェブサイトに各海上保安機関の教育機関や研究所に関する情報を掲載するなどにより、内容を充実させることで、各海上保安機関の人材育成に資するプラットフォームとして活用していくことについても支持された。

**(4)先進的な取り組みの発表**

**●無人・自動運航船等の先端技術の活用策**

国際海事機関から無人・自動運航船に係る議論の進捗について、日本財団からは無人運航船プロジェクト「MEGURI2040」の概要・最先端の取り組みを紹介した。そのほか、オーストラリア、フランス、ノルウェー、イギリス及びアメリカから、それぞれ各国における取り組みなどについて発表がなされた。

**●ベストプラクティス**

イタリアからパンデミックの教訓を踏まえた次期感染症への備えについて、トルコから海上における非正規移民への対応について、アジア海賊対策地域協力協定情報共有センターから海賊対策に係る地域協力の強化について、それぞれ発表がなされた。

**〈議長総括〉**

以上の議論について総括した上で、この会合がより多くの参加者を得てさらにグローバルかつ有用なものになっていることを歓迎し、この枠組みを世界の海上保安機関間の連携・協力のプラットフォームとして引き続き有効に機能させていく必要性を確認するとともに、"the first responders and front-line actors"たる海上保安機関等が直面する課題を克服し、"Peaceful, Beautiful and Bountiful Seas"(平和で美しい、豊かな海)を次世代に受け継ぐために、海上部門における共通の行動理念への理解を深め、全世界の海上保安機関能力を向上させることが重要であることを再認識した。

上：第３回世界海上保安機関長官級会合
岸田文雄内閣総理大臣、共催者（日本財団、海上保安庁）と各機関代表者らとの集合写真
下：閉会式の様子

たかが一省庁でありながら、全世界から組織のトップを集めて会議を開催している、そんな役所など、おそらく海上保安庁をおいて他にないでしょう。

大言壮語するわけではありませんが、海上保安分野で世界をリードしているのは、まぎれもなく日本の海上保安庁です。

## アジア諸国との〝友情〟を深めてきたキャパシティ・ビルディング

続いて、海上保安庁が国際海洋秩序安定化のために取り組んでいる2つ目の柱、「各国海上

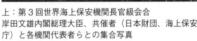

保安機関の海上保安能力向上」について見ていきましょう。

近年、アジア諸国において海上保安機関の設立が相次ぎ、それに伴って海上保安庁に対する技術指導等の要請、すなわちキャパシティ・ビルディング（能力向上支援）の要請が非常に多くなってきました。

こうした背景から、海上保安庁では２０１７年に能力向上支援の専従部門「モバイルコーポレーションチーム（ＭＣＴ）」を発足。コロナ禍においてもリモートでさまざまなキャパシティ・ビルディングを行ってきたほか、状況的に可能であれば積極的に各国へ派遣し、活動を展開してきました。これまでの実績としては、チーム発足後から２０２３年11月１日までの期間で18カ国に95回派遣し、８カ国１機関に22回のオンライン研修を実施してきました。

また、海上保安庁が海外に出て行くのとは反対に、アジア各国の海上保安機関の若手幹部候補職員を日本に招聘《しょうへい》し、海上保安政策に関する修士レベルの教育を実施する「海上保安政策プログラム（ＭＳＰ：Maritime Safety and Security Policy Program）」という取り組みも２０１５年から行っています。

## 海上保安庁モバイルコーポレーションチームについて

### 【概要】

・近年、アジア諸国において海上保安機関が相次いで設立

・技術指導等の支援要請の質的向上・量的増加を受け、2017年10月、外国海上保安機関の能力向上支援の専従部門を発足

※派遣実績：18カ国95回、オンライン研修：8カ国1機関22回（2023年11月1日現在）

### 【技術支援の内容】

▶海上法執行（船舶立入検査等）

▶海上保安業務に関する講義

▶技術支援に関する協議

▶捜索救助

▶船艇維持管理

▶油防除

搭載艇揚降訓練
（フィリピン）

海上犯罪取締り講義
（インドネシア）

### 【その他】

▶その他ワークショップ参加、連携支援調整及び調査

立入検査実習
（ベトナム）

LRAD
（長距離音響発生装置）
取扱研修（マレーシア）

ブリッジラインによる
船舶移乗訓練
（パラオ）

オイルフェンス
展張訓練
（スリランカ）

制圧訓練
（ジブチ）

**海上保安庁 MCT（Mobile Cooperation team）**

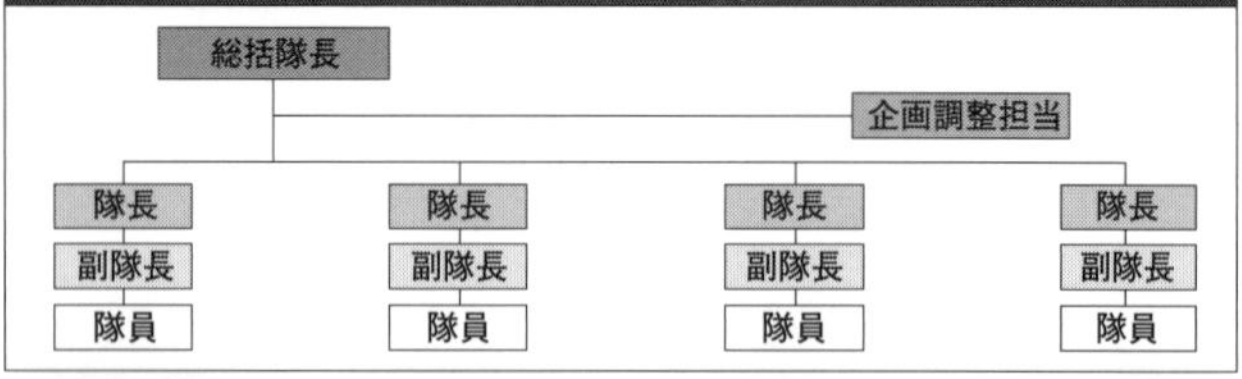


**MCT（Mobile Cooperation team）派遣国**

ＭＳＰは、海上保安大学校（広島県呉市）と政策研究大学院大学（東京都港区）が連携して実施する一年間の修士課程で、海上保安官とアジア各国の海上保安機関職員がともに机を並べて国際法や事例研究等の高度な教育を受けるというものです。それによって「法の支配」の重要性などの価値観を共通認識として確立するとともに、人脈的なレベルでも国際的な海上保安協力のネットワークを形成することを目的としています。

ＭＳＰに参加した留学生が母国のコーストガードで幹部になると、そのコーストガードと海上保安庁との間には、幹部レベルでの友情と絆が結ばれ、両機関のつながりが一層強固になるのです。

この個人対個人、フェイストゥーフェイスのつながりは組織同士の関係においても意外と重要であり、ここぞという時に大きな力を発揮します。ＭＳＰに必ず海上保安官を参加させているのは、「留学生たちとネットワークづくりの環境を整える」そんなことも考えてのことです。

また、ＭＳＰの卒業生たちを世界会合に招待する等、卒業後もネットワークを維持していけるよう努めていますが、今後、ＭＳＰの卒業生たちが母国のコーストガードでそれなりの立場に就くようになれば、学友たちと再会する国際会合が〝同窓会〟のような場になるので、各国

## 海上保安政策プログラム(MSP)【修士課程】について

アジア諸国の海上保安機関の相互理解の醸成と交流の促進により、海洋の安全確保に向けた各国の連携協力、認識共有を図るため、平成27年10月、海上保安政策に関する修士レベルの教育を行う「海上保安政策プログラム」(Maritime Safety and Security Policy Program)を開講し、アジア諸国の海上保安職員を受け入れて能力向上支援を実施。

| 政策研究大学院大学 | JICA(ジャイカ) | 海上保安大学校 | ⇔協働⇔ | 日本財団 |
|---|---|---|---|---|
| ◆政策プロフェッショナルの養成<br>前半6カ月(10月～)<br>於:東京都港区 | 海外研修生の生活面を支援 | ◆海上保安庁幹部職員の養成<br>後半6カ月(4月～)<br>於:広島県呉市 | | |

⇔ 連携 ⇔

### 法の支配に基づく自由で開かれたインド太平洋の実現に向けて
～第73回国連総会における安倍総理大臣一般討論演説(抄)～

○太平洋とインド洋、「2つの海の交わり」に、ASEAN諸国があります。
(略)私が「自由で開かれたインド太平洋戦略」を言いますのは、まさしくこれらの国々、(略)、インドなど、思いを共有する全ての国、人々とともに、開かれた、海の恵みを守りたいからです。

○洋々たる空間を支配するのは、制度に裏打ちされた法とルールの支配でなくてはなりません。そう、固く信じるがゆえにであります。
先日、マレーシア、フィリピン、スリランカから日本に来た留学生たちが、学位を得て誇らしげに帰国していきました。学位とは、日本でしか取れない修士号です。

○海上保安政策の修士号。目指して学ぶのは、日本の海上保安庁が送り出す学生に加え、アジア各国の海上保安当局の幹部諸君で、先日卒業したのはその第3期生でした。

○海洋秩序とは、力ではなく法とルールの支配である。そんな不変の心理を学び、人生の指針とするクラスが、毎年日本から海に巣立ちます。実に頼もしい。自由でオープンなインド・太平洋の守り手の育成こそは、日本の崇高な使命なのです。

(平成30年9月25日)

### 国別参加実績

| | 2023 9期生 | 1～9期 合計 |
|---|---|---|
| バングラデシュ | 1 | 3 |
| インド | | 3 |
| インドネシア | 2 | 6 |
| 日本 | 2 | 16 |
| マレーシア | 1 | 11 |
| モルディブ | | 1 |
| フィリピン | 2 | 12 |
| スリランカ | 2 | 12 |
| タイ | | 2 |
| ベトナム | | 3 |
| | 10 | 69 |

### 海上保安政策プログラムのこれまでの歩み

| | |
|---|---|
| 平成27年10月 | 海上保安政策プログラムの開講 |
| 平成28年9月 | 第1期生が修士(政策研究)を取得<br>安倍総理大臣を表敬訪問 |
| 平成29年9月 | 修了生を招聘し、世界海上保安機関長官級会合にオブザーバー参加 |
| 平成30年8月 | 修了生を招聘し、安倍総理大臣を表敬訪問 |
| 令和元年11月 | 修了生を招聘し、世界海上保安機関長官級会合にオブザーバー参加<br>安倍総理大臣と記念撮影 |
| 令和3年8月 | 菅総理大臣表敬訪問 |
| 令和4年9月 | 岸田総理大臣表敬訪問 |
| 令和5年8月 | 岸田総理大臣表敬訪問 |
| 令和5年10月 | 第9期生開講 |

のコーストガードの〝友情〟をさらに深めることにもつながります。MSPがこうしたことの起点になり得ると考えると、とてもワクワクしてきます。

さて、こうしたことは全て、日本と同じ価値観を共有する国々を増やし、彼らと連携・協力していくための活動です。繰り返しますが、日本と同じ価値観、すなわち「法の支配」を重視する国々が世界の多数派になることは、日本の安全保障を担保する上でも非常に大きな力になるのです。

令和元年11月21日。海上保安政策プログラム在学生・修了生と安倍総理との記念撮影（第2回世界海上保安機関長官級会合）

令和5年8月22日。岸田総理表敬（第8期生）

2018年9月25日、安倍首相（当時）は第73回国連総会における一般討論演説において、海上保安政策プログラムの重要性を訴え、次のように発言しました。

「海洋秩序とは、力ではなく法とルールの支配である。そんな不変の真理を学び、人生の指針とするクラスが、毎年日本から海に巣立ちます。実に頼もしい。自由でオープンなインド・太平洋の守り手の育成こそは、日本の崇高な使命なのです」

## 海保の「海外進出」に東南アジア諸国が反発？

海上保安庁のキャパシティ・ビルディングの歴史は意外と古く1968年のマラッカ・シンガポール海峡における水路測量から始まります。日本の政府開発援助（ODA）も活用して、さらに外国の海上保安機関等の能力向上を目的に広範囲に実施してきました。日本のODAは非軍事協力が基本方針なので、「非軍事の法執行機関」である海上保安庁にとってはまさにうってつけの仕事だったわけです。

当初は水路測量、海上交通の安全確保、捜索救助、海上に流出した油の処理などの支援が中心でしたが、2000年代に入ると日本にとって重要なシーレーンであるマラッカ・シンガポール海峡で海賊事件が頻発化するという問題が起こります。そこで、沿岸国の海上法執行能力向上のために、海上保安庁の巡視船が初めて海外に派遣されることになったのです。

当時私は日本の巡視船が「海外進出」することに対して、東南アジア諸国から第二次世界大戦の戦禍を背景に大きな反発があるのではないかと危《き》惧《ぐ》していました。

しかし、フタを開けてみると、意外なほど反発はありませんでした。

おそらくそれまでのキャパシティ・ビルディングで積み重ねてきた実績が信頼となって、ほぼ抵抗なく受け入れてもらえたのだと思います。

これもやはり海上保安庁が非軍事組織であることによるところが大きいのだと思います。

というのも、マラッカ・シンガポール海峡は大変狭い海域なので、沿岸国にとってはそれぞれの国の領海です。

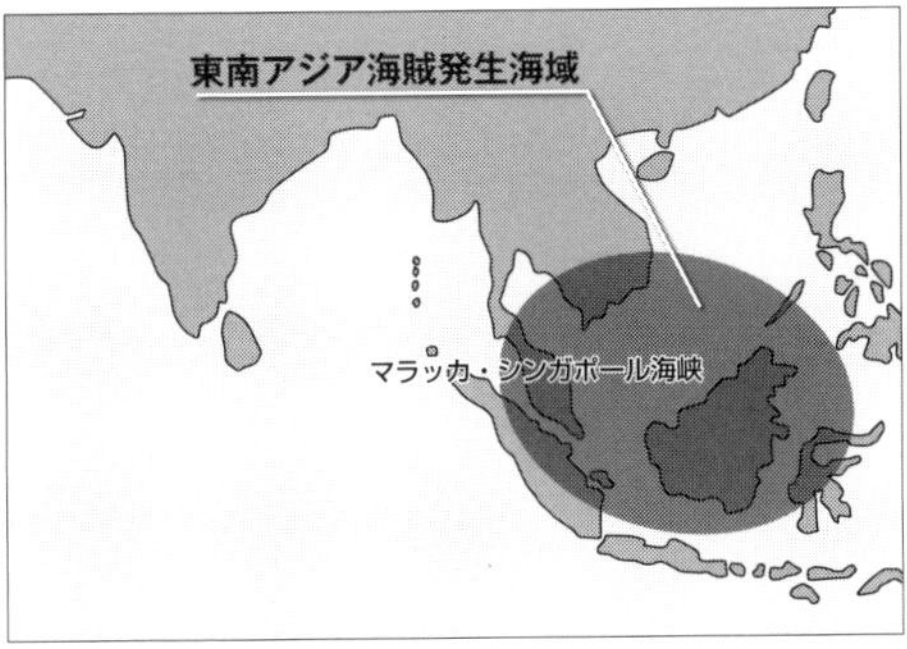


2000年代に海賊事件が多発していたマラッカ・シンガポール海峡（海上保安庁資料をもとに作成）

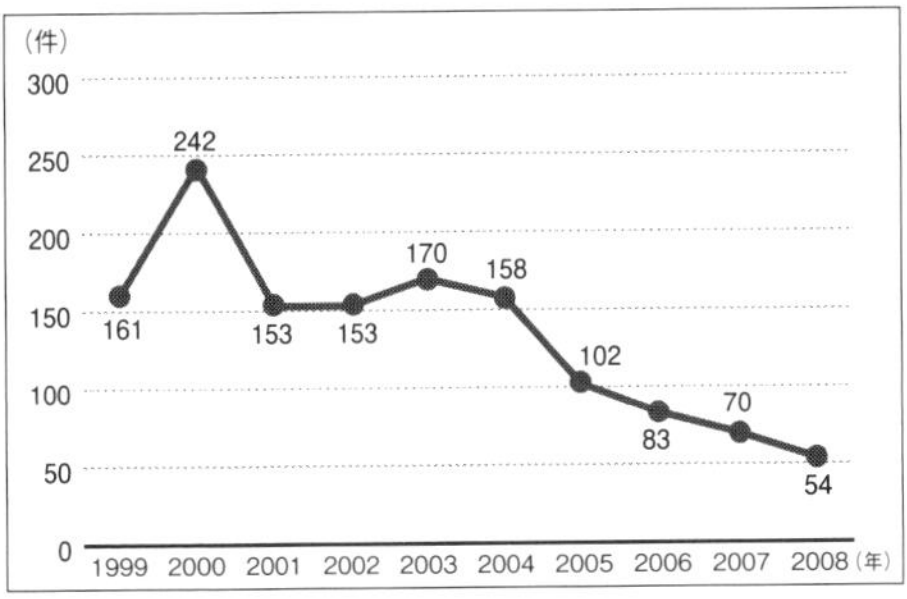


東南アジア海域における海賊発生件数
（出典：『海上保安レポート2009』）

領海は領土と同様に主権が及ぶエリアですから、自分たちの主権範囲に「外国の軍隊」を入れるのはやはり抵抗があります。

実際、当時アメリカもマラッカ・シンガポール海峡の海賊対策支援に名乗りを上げていましたが、各国から「ノーサンキュー」を突きつけられていました。日本よりも、むしろアメリカのほうが反発されていたわけです。ただ、これは、アメリカが「俺がお前たちを助けてやるよ」という自ら乗り込んでいくスタンスだったことも大きかったと思います。日本は「ノウハウを教えるので一緒にがんばりましょう。この地域の安全はあなたたち自身の手で守ってください」というスタンスであった上に、非軍事の「法執行機関」の派遣ですから、各国も受け入れやすかったのでしょう。

ちなみに、東南アジア海域における海賊事件はその後、沿岸国海上保安機関の連携パトロール等の積極的な取り組みもあって次第に減少していきました。ピーク時の２０００年と比べてみると、２００８年には東南アジア海域全体で約５分の１に減少、マラッカ・シンガポール海峡に限るとなんと約10分の１にまで減少しています。

## 「外交」としても注目されている海上保安庁の国際業務

この海賊対策を大きな一歩として、海上保安庁はアジア各国に広く海上法執行能力向上のキャパシティ・ビルディングを展開していくようになります。また、それと並行して、海上保安庁型のコーストガード、すなわち軍部から独立した形の海上法執行機関の設立にも力を貸してきました。

特に2010年頃から中国の南シナ海への進出が目立つようになると、その対応に苦慮していた東南アジア諸国で海上法執行能力向上のニーズが高まっていきます。

東南アジア諸国のコーストガードは1990年後半以降に設立された比較的「若い」機関であり、中国海警局に対抗できるような能力など持ち合わせていません。かといって、彼らが海軍を出せば、中国も海軍を出してくるでしょうから、事態は大きな紛争へとエスカレートしてしまいます。

南シナ海で中国と問題を抱える東南アジア諸国にとっては、コーストガードの能力強化はこうした意味でも喫緊の課題だったのです。

そういう意味では、これまで海上保安庁が行ってきたキャパシティ・ビルディングや、「法の支配」の重要性を国際社会で共有する取り組み（海上保安庁主導の国際会合など）は、中国と東南アジア諸国の海上法執行能力のパワーバランス是正につながり、日本の安全保障環境をより良くすることにつながる、そういう側面があったと言えます。

つまり、海上保安庁は日本がＦＯＩＰを国家戦略にする前からそれを具現化したような取り組みを人知れず行っていたということです。

そしてＦＯＩＰの３つの柱のひとつである「平和と安定の確保」にインド太平洋地域の海上法執行能力の構築、人道支援・災害救援・海賊対策などが盛り込まれたことは、海上保安庁のキャパシティ・ビルディングが日本の重要な外交政策の一部として位置づけられたことを意味します。

実際、尖閣の領海警備を行いつつＦＯＩＰ実現に向けたさまざまな取り組みを行っている海上保安庁に対し、同じコーストガードのみならず、外交等の視点からも各国から大きな期待を集め、各国大使等による海上保安庁長官への表敬訪問も頻繁に行われています。私も長官時代には、トルコ大使、太平洋艦隊司令官、インド大使、フランス大使、米国臨時代理大使などの

2022年6月、太平洋艦隊司令官パパロ大将による長官表敬（出典：『海上保安レポート2022』）

2022年7月、在京インド大使館ヴァルマ大使による長官表敬（出典：『海上保安レポート2022』）

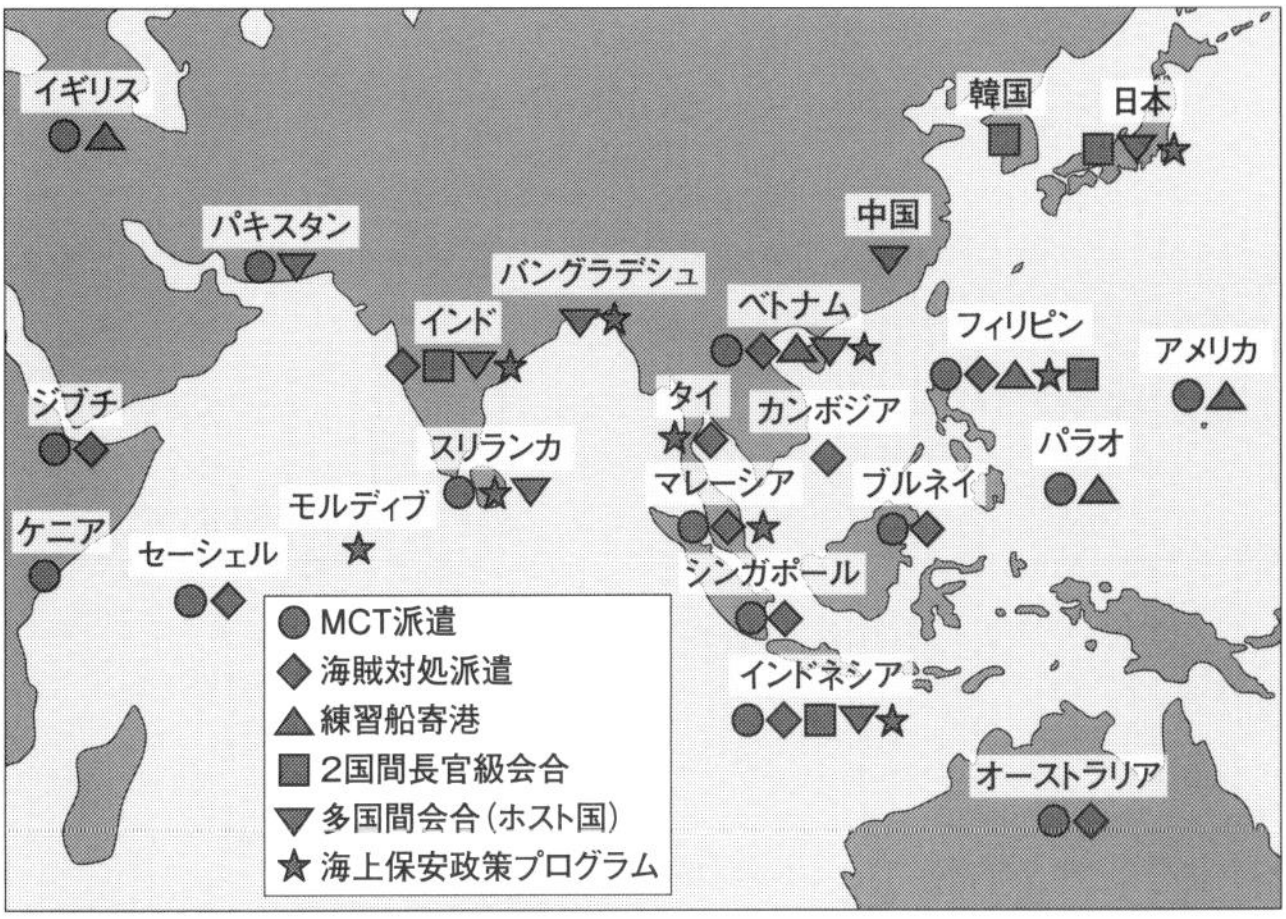


海上保安庁の主な能力向上支援の実績（2016年～）（出典：『海上保安レポート2022』）

表敬訪問を受け、友好的な雰囲気の中でさまざまな意見交換をするとともに、海上保安機関同士の連携・協力について確認しました。

## 海保を〝軍隊化〟することにより失う国際的信用

ここまで述べてきた背景を踏まえれば、日本が海上保安庁を〝軍隊化〟させた時に、これまでキャパシティ・ビルディングを通じて築いてきた東南アジア諸国との信頼関係がどうなるかは、容易に想像がつくのではないでしょうか。

海上保安庁が長年推進してきた「非軍事」の取り組みとは真逆の方向に舵を切ることになるのですから、海上保安庁のみならず日本そのものに対する信頼が一斉に失われるおそれがあります。

東南アジアのみならず、世界各国から信用を失うことになるでしょう。

これは私個人の印象や考えによるものではなく、国際政治学を専門とする竹田いさみ獨協大学名誉教授をはじめ、多くの有識者も指摘するところです。

今日にいたるまで国内外で「コーストガードが軍から独立することのメリット（法執行機関の緩衝機能等）」を訴え続け、それを前提に国際会合を主導したり、各国でキャパシティ・ビルディングを実施したり、海上保安庁モデルの非軍事のコーストガード設立を支援したりしてきたのに、突然これまで主張してきたことと真逆の「軍」になったのでは信用してもらえるはずがありません。

「自衛隊も世界的に見れば〝軍〟だが、キャパシティ・ビルディングや海賊対策で評価されて各国と信頼関係を築いている。海上保安庁が〝軍〟になっても同じことができるのではないか」という意見もあるかもしれません。しかし、自衛隊の場合は「もともと軍事機関と認識されている組織」がそれを前提に信頼関係を築いてきたわけですから、「もともと非軍事機関（法執行機関）と認識されている」海上保安庁とは事情がまったく異なります。

日本の海上保安庁はアメリカ沿岸警備隊をモデルに創設されましたが、アメリカの沿岸警備隊のように軍事機能を有するのではなく、誕生の時から一貫して非軍事の法執行機関として今日まで歩み続けてきました。

当初から（準）軍事機関として誕生していたのならともかく、わざわざ非軍事機関を軍事機関に組織改編することは、世界に誤ったメッセージを発信することになるのです。

また、現実の問題として、領海警備の戦略的コミュニケーションにも不都合が生じます。

領海警備の第一線で非軍事組織が事態に対処することにより「事態は法とルールにより解決

すべきであり、軍事的解決を志向していない」旨の国家意思を示すことができます。しかし、軍事機関になってしまうとそれができません。

海上保安庁が疑いなく非軍事組織であり、軍事的な活動を行わない法執行機関であることを内外に広く示す役割を担っているのが庁法25条です。海上保安庁を「軍」にするということは、必然的にその庁法25条を改正もしくは撤廃することになります。

わざわざ自分から「非軍事」宣言のフラッグを下げるわけですから、たとえ海上保安庁が実際に軍事活動を行わなくても各国に余計な警戒心を抱かせる結果になるのは明らかです。

当然それは、有事下で「軍事目標」にされて国民保護措置に支障をきたす、つまり国民の命を危険にさらすリスクを高めるだけでなく、平時下においても日本が国家戦略として進めているＦＯＩＰ実現に向けた取り組みの足を引っ張ることにもつながります。

このように、海上保安庁を軍隊化するメリットがないのはもちろんですが、庁法25条を改正・撤廃するということもまったくメリットがない（デメリットしかない）ことなのです。

## 東南アジア諸国に〝安心〟を与える庁法25条

各国の海上保安庁に対する信頼の厚さは、そのまま日本に対する信頼とも言えます。なぜ日本がそこまで信用されているのかといえば、日本は〝戦争〟をしない国だからです。武力に訴えるような国ではないからこそ、彼らは日本のことを、そして海上保安庁のことを信頼してくれているのです。

東南アジア諸国は特にそうです。

海上保安庁の非軍事性を明確にしている庁法25条は、東南アジア諸国に大きな安心感を与えている、極めて象徴的な規定です。

これまで海上保安官たちが長い年月をかけて努力して築いてきた各国との信頼関係を失わないためにも、最低限その「非軍事」宣言のフラッグを降ろすようなことだけはしてはいけないと思います。

FOIP実現に向けた海上保安庁の取り組みは世界各国から支持されています。ここまで海上保安庁がマルチな国際業務を展開し、国際社会から抵抗なく受け入れられてきたのも、海上保安庁が「非軍事の法執行機関」だからだと言えます。世界海上保安機関長官級会合のような世界会議を「日本の（準）軍事機関」が開催するとなれば、おそらく今の規模での開催は難しかったでしょう。キャパシティ・ビルディングに関しても、海上保安庁が「軍」になれば実施できない国が出てくるなどさまざまな場面で支障をきたすと考えられます。

一方、海上保安庁が各国から信頼されているのは「非軍事」という理由だけではありません。世界トップクラスのコーストガードとして信頼するに足る〝実力〟が伴っているからこそ、各国に受け入れてもらえているのです。

最終の第五章では、そんな海上保安庁の実力や課題、今後の尖閣問題への対応などについて述べていきます。

# 第五章

# 海保は〝絶対〟に負けられない

ゴムボートを使ってのテロ対策訓練（関門港）

りますが、私はこれには違和感があります。

## 海上保安庁の〝敗北〟は紛争につながる

これまで庁法25条撤廃・改正論への反論を随所で述べてきましたが、実は一致する意見もあります。

それは「海上保安庁をもっと強化しなければならない」という意見です。

もっとも、庁法25条撤廃・改正論の言う「強化」とは「海上保安庁の〝軍隊化〟」であり、海上保安庁に平時から軍事訓練をさせて、より強力な武器を持たせ、有事下には軍事活動ができる組織にすることを指しています。

しかし、「何となくの印象やイメージ」で海上保安庁が強くなりそうな〝軍隊化〟が、実は海上保安庁にとっても日本にとっても総合的な能力強化にならないことは、これまで繰り返し述べてきた通りです。

私の言う「強化」はあくまでも「法執行機関としての能力強化」です。軍事的な意味での能力強化ではありません。人員や予算、巡視船、航空機を増やし、法執行機関としての任務の遂行に支障が出ないようにするということです。

海上保安庁を強化しなければならない最大の理由は、尖閣問題での対応で中国海警局（以下、海警）に後れを取らないようにするためです。

海上保安庁は、海警には絶対に負けてはいけません。

海上保安庁では海警への対応が困難となれば、海上警備行動が発令され、海上保安庁に代わり海上自衛隊が出動して対応することになります。日本がフロントラインの役者を海上保安庁から海上自衛隊に変更すれば、当然中国も海警から海軍へと変更してくるでしょう。

そうなると、軍事機関同士の対立になり、力と力の勝負、まさにいつ紛争に発展してもおかしくない状況になります。しかも中国は「日本が軍隊を派遣し、事態をエスカレートさせたのだ。全ての責任は日本側にある」と喧伝《けんでん》するでしょう。

そんな紛争への流れをつくらないためにも、少なくとも中国が尖閣に海警を派遣してきているうちは、海上保安庁が対応し続ける必要があります。中国に〝開戦の大義〟を与えてはなりません。そのためには、海警にしっかりと対処できる体制を海上保安庁側も構築しなければならないのです。

## ほぼ毎日、接続水域内にいる海警船

近年、海警の活動はますます活発化してきています。

その大きなきっかけとなったのが、2012年9月11日の尖閣3島(魚釣島、南小島、北小島)の国有化です。

170~171ページのグラフで確認すると、2012年9月以降、海警船が尖閣領海周辺の接続水域に入ってきた日数が一気に増えているのがわかります。その後、2019年以降はこれまでにないほど活発化し、ほぼ毎日、接続水域で海警船が確認されるという状況が続いています。

172ページのグラフでもう少し詳しく見ていくと、2018年の年間の接続水域内確認日数が159日で1年の約4割強だったのに対し、翌2019年には282日、すなわち1年の約8割にまで跳ね上がりました。

さらに2020年以降は330日以上で、実に1年の9割を超える日数で海警船が接続水域内を徘徊《はいかい》している状況です。

連続確認日数(海警船が連続して接続水域内に留まり続ける日数)も近年増加傾向にあります。

2021年には過去最長の157日、つまり5カ月以上も海警船が連続して接続水域内に留まっていました。翌2022年は、過去2番目に長い138日連続です。

一方、領海侵入の件数は年別で見るとそれほど大きな変化はありません。

ただ、近年の特徴として、侵入時間が長期間に及ぶようになってきています。

こうした長期間に及ぶケースは、尖閣周辺の領海内で操業している日本漁船を排除しようとして海警船が侵入してくるケースです。

当然それに対して海上保安庁の巡視船は日本漁船をしっかりとガードし、日本漁船に操業してもらうという対応をとっています。その結果、海警船は日本漁船に接近もできないけれど出ていくわけにもいかず、領海侵入が長期間に及ぶという皮肉な結果となっているのです。

2023年3～4月の事案では領海侵入時間が80時間36分にも及び、過去最長を更新しています。

この「海警船が尖閣から帰らなくなった」というのが大きなポイントです。

170～171ページのグラフを見ると、海警船が近年、尖閣に頻繁に来るようになった印象を受けますが、実はそうではなくて、海警船が「尖閣から帰らなくなった」のです。これについてはまた後述します。

## 件数の推移

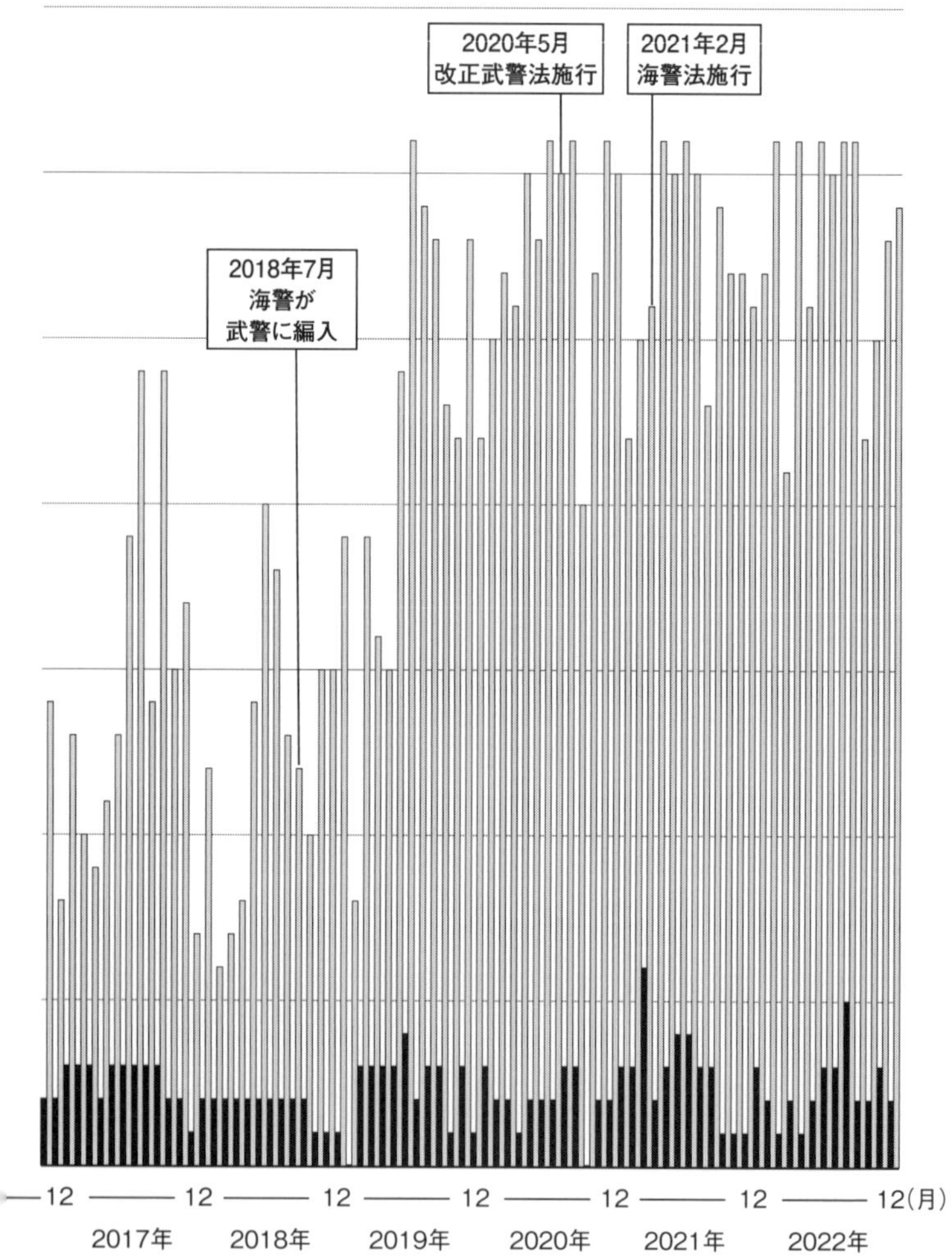


所属する船舶等は確認されていない

※海上保安庁資料をもとに作成

中国海警局に所属する船舶等の接続水域内確認日数、領海侵入

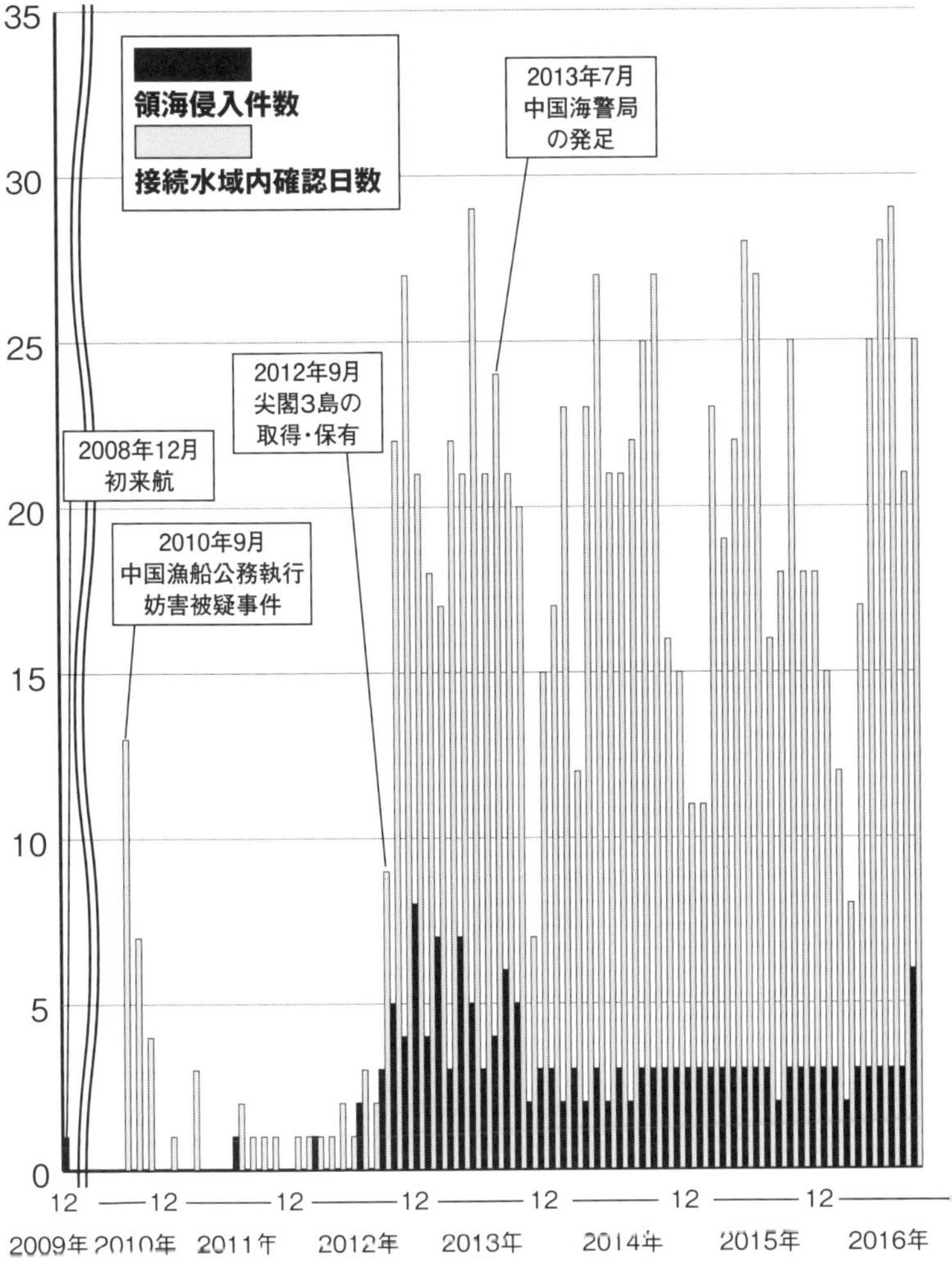


※2009年1月～2010年8月までの間、尖閣諸島周辺の接続水域において、中国海警局に

## 接続水域への侵入推移

### 年間の接続水域内確認日数（不在日数）の推移

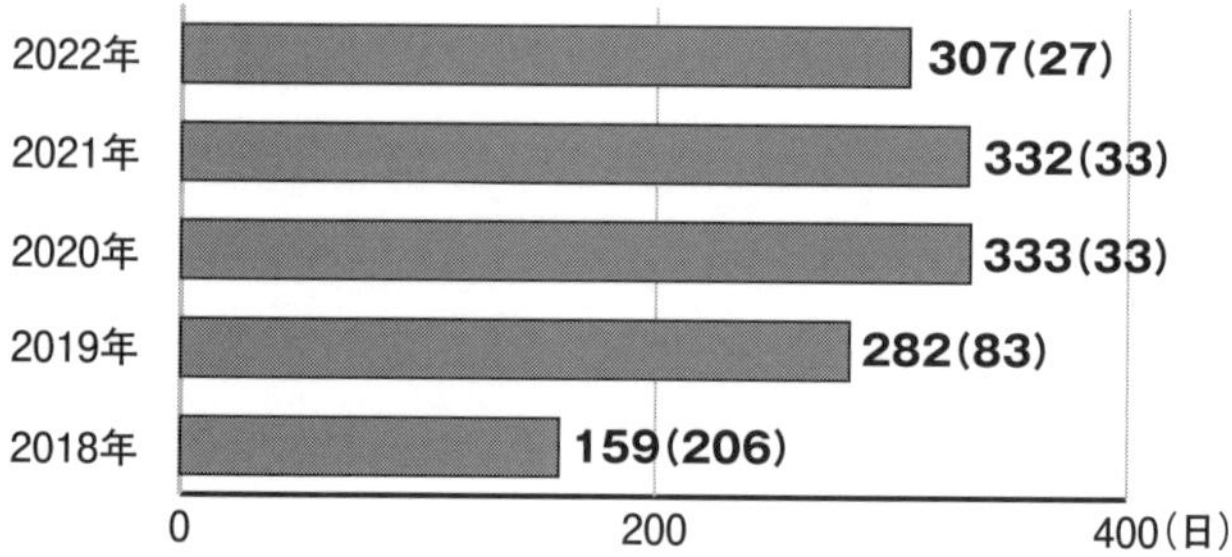


### 接続水域内における連続確認日数の推移

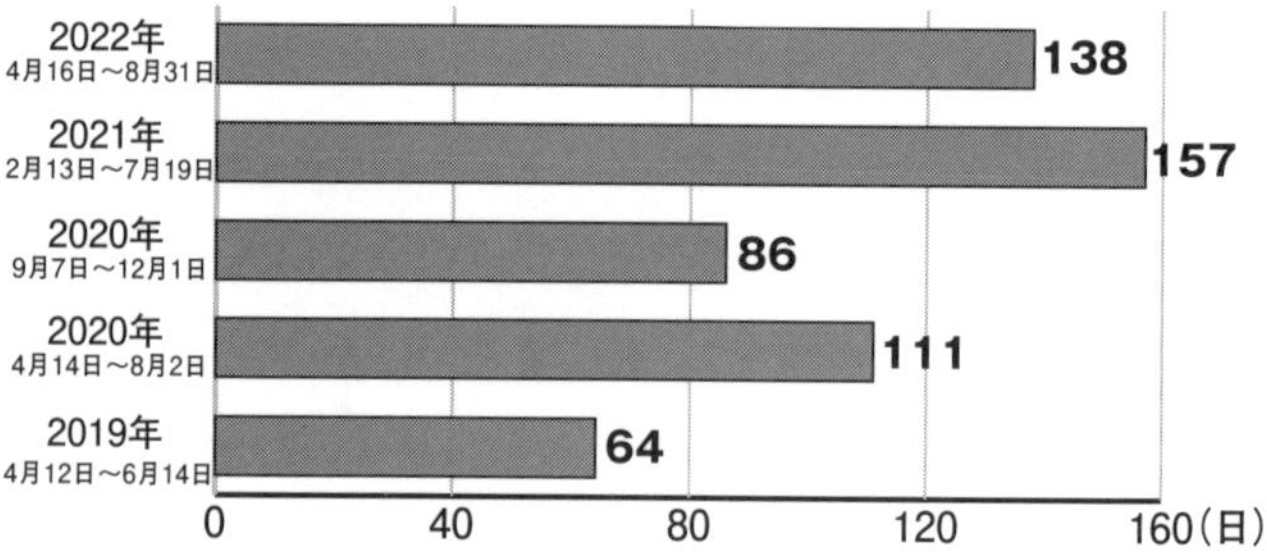


### 年間の領海侵入件数の推移

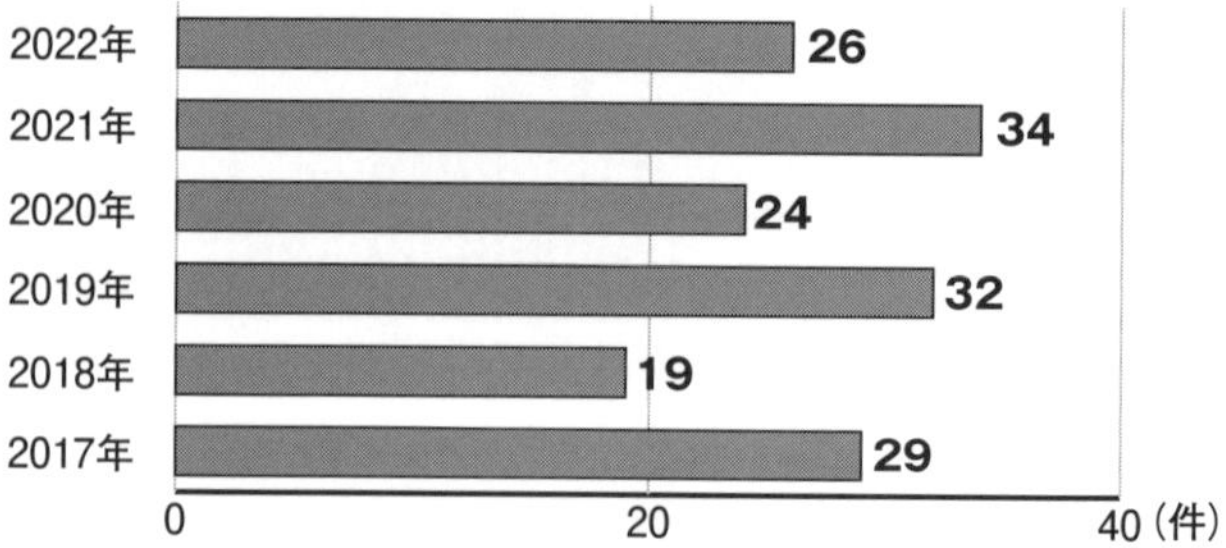


※海上保安庁資料をもとに作成

## 急速に力をつけてきた海警

こうした海警の活発な活動を支えてきたのが、中国政府による海警の強化です。これまで中国政府は海警をハード・ソフトの両面で強化してきました。尖閣諸島を実効支配するため、用意周到、着実に準備を進めてきたのです。その準備は4つです。

1つ目は、船艇勢力の大幅増強・大型化・武装化です。

1000トン以上の大型船の隻数で比較すると、尖閣を国有化した2012年当時は海上保安庁の巡視船51隻に対して中国側の船舶は40隻であり、海上保安庁の巡視船のほうが数で上回っていました。

しかしその後、中国は急速な船艇の増強を図り、2014年には82隻まで数を増やして海上保安庁の62隻を逆転。2022年末時点では、巡視船71隻に対して海警局所属の船舶は157隻（公開情報をもとに推定した数値）と大幅に隻数を増やし、1000トン以上の大型船に限っていえば、海上保安庁の倍以上の船舶を保有するにいたっています（175ページのグラフ参照）。

また、中国政府は、海軍の退役軍艦を転用するなどして海警船の大型化を図ると同時に、コーストガードの武器としては最大クラスの76ミリ機関砲を搭載させるなど、海警船の武装化も着々と進めている状況にあります。

2つ目は組織の統合です。

尖閣を国有化した2012年当時、中国には海上の実力組織として海警（法令執行・治安維持）・海監（海域管理・環境保全）・漁政（漁業取締まり）・海関（密輸取締まり）・海巡（海上交通管理）という5つの組織がありました。

翌2013年7月、海巡を除いた4つの組織が統合され、新しい海警局が発足します。まずはバラバラだった部隊の統合が図られたというわけです。

3つ目は組織の改編です。

この新しい海警局は当初、国務院（中央政府）配下の国家海洋局の隷下にありました。しかし、2018年7月には中央軍事委員会所属の武警（人民武装警察）の隷下に転属されました。つまり、政府配下の組織から軍配下の組織に転属されたことになります。さらに、海警局のトップもそれまでの文民から海軍出身の軍人に変わり、主要ポストにも海軍出身者が就くなど、組

## 中国海警局に所属する船舶等と海保巡視船の隻数比較推移

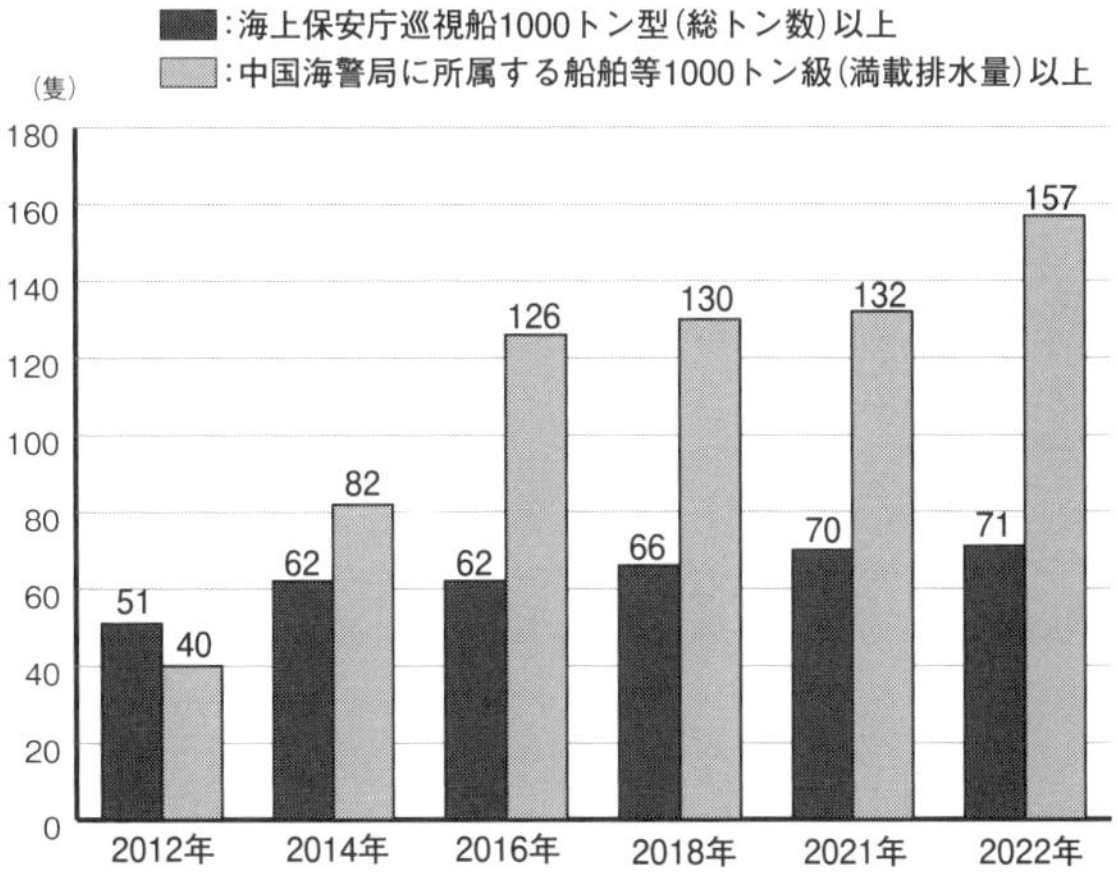


※1　2022年度末の隻数
※2　2022年12月末現在の隻数　公開情報をもとに推定（今後、変動の可能性あり）
※海上保安庁資料をもとに作成

## 中国海警局に所属する船舶の大型化・武装化

中国海警局に所属する大型の船舶

機関砲を搭載した中国海警局に所属する船舶

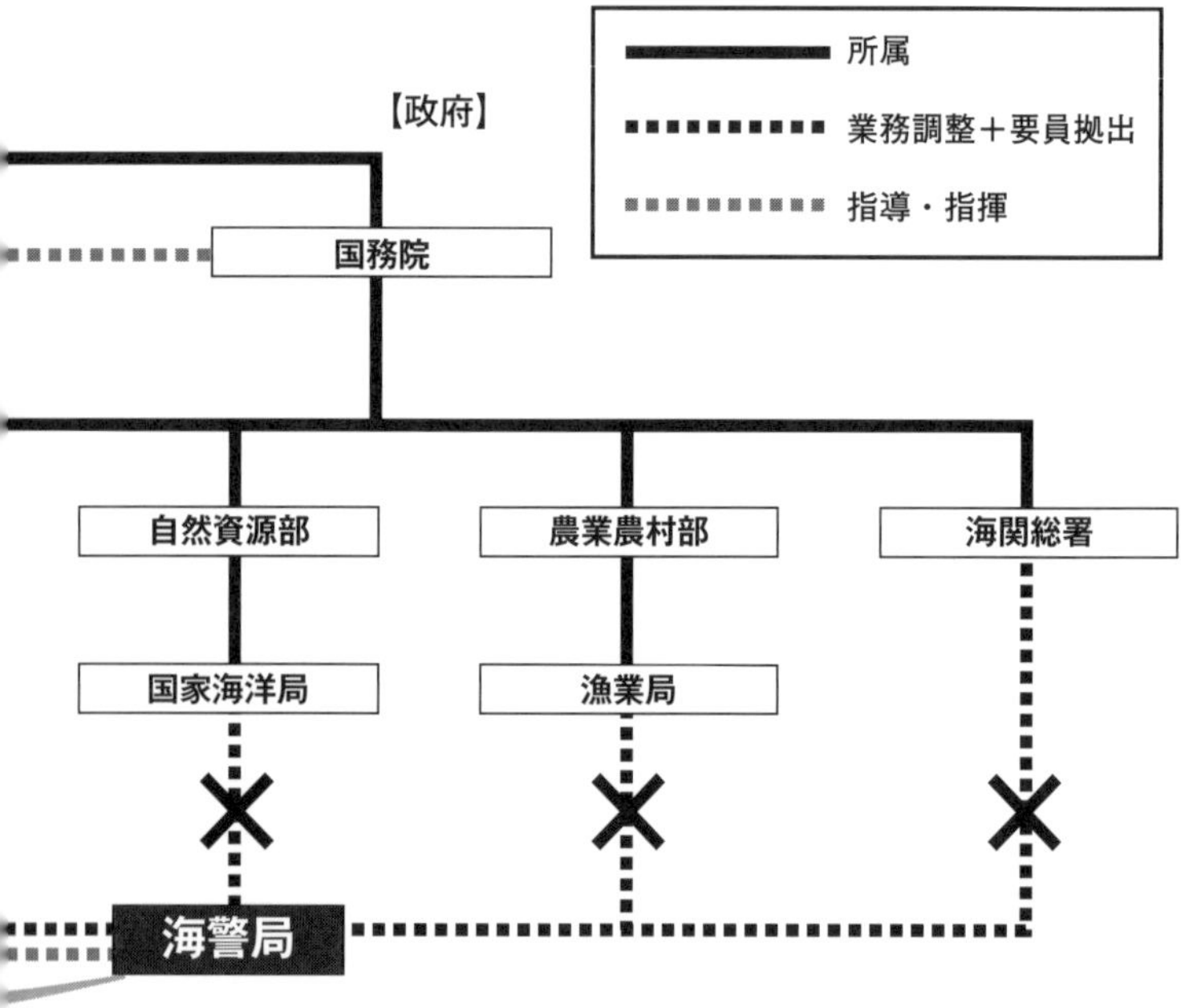


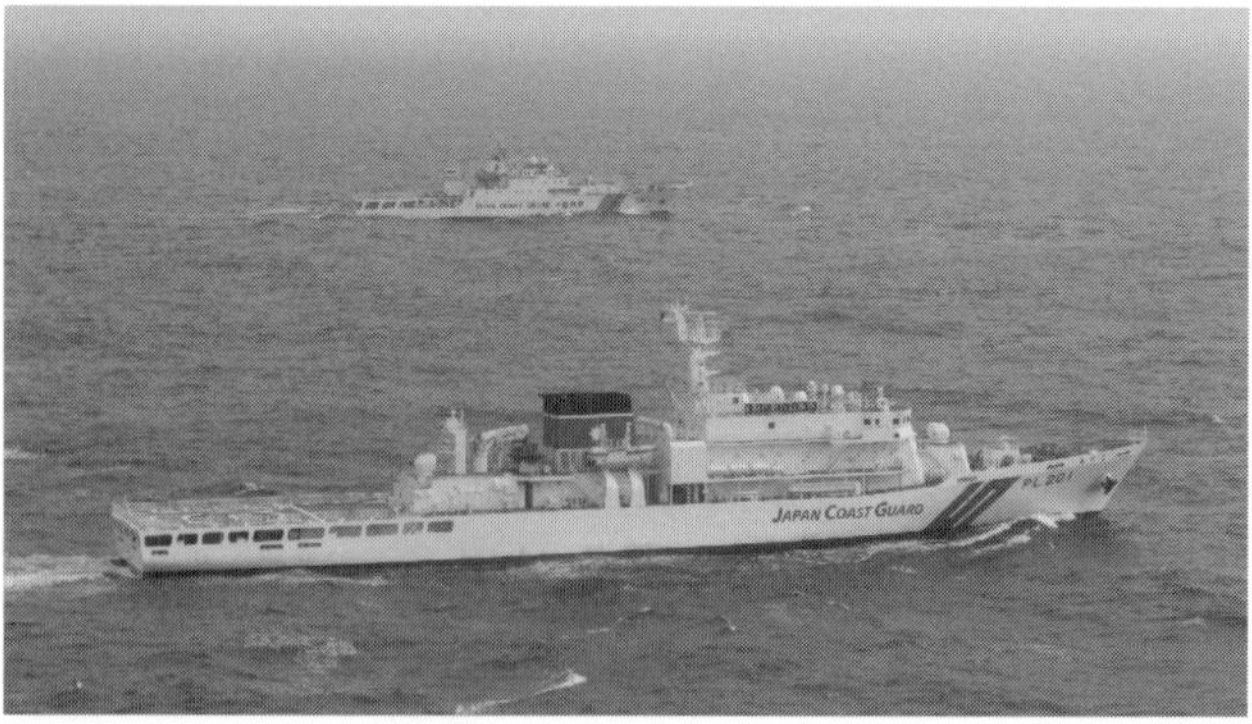


海上保安庁の巡視船と中国海警船

中国海警の組織の変遷
(2018年7月～)

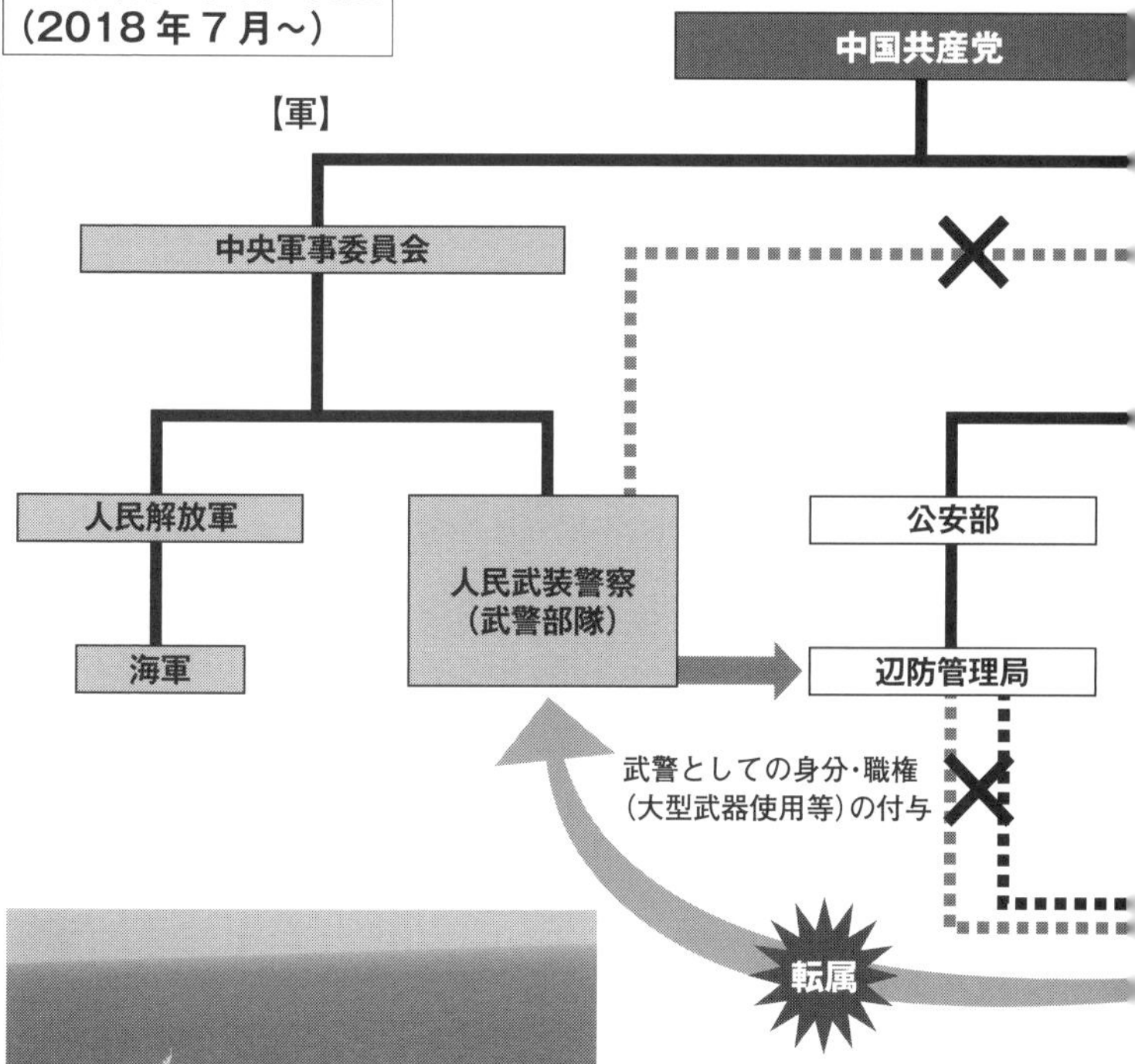

海警2350と併走する
海上保安庁の巡視船

中国海警船を警戒監視する海上保安庁の巡視船

## 中国海警法について

### 海警法成立に伴う経緯

2018年6月…「中国海警局が海洋権益擁護法執行職権を行使することに関する全人代常務委員会決定」を発布（海警の大まかな職権や任務を規定。海警法を制定する旨を明記）
2018年7月…中国海警局が人民武装警察部隊（武警）に編入
2021年1月…全人代常務委員会会議において審議・通過
2021年2月…海警法施行

### 海警法の構成

**第一章**　**総則**（第１条～第９条）
- 統一的に海洋権益擁護**法執行の職責を履行**（第２条）
- 管轄海域及びその上空における海洋権益擁護法執行活動（第３条）← 管轄区域が具体的に明示されていない

**第二章**　**機関と職責**（第10条～第15条）

**第三章**　**海上安全防衛**（第16条～第22条）
- **外国船舶等**に対する識別調査、追跡監視、退去命令、強制駆逐、乗船検査等の措置（第16条～第19条）
- **外国組織・個人が建設した構造物等**に対する撤去命令、強制撤去等の措置（第20条）
- **外国軍艦・公船**に対する警戒、コントロール、退去命令、強制駆逐等の措置（第21条）← 外国軍艦・外国公船に対して、強制措置をとる可能性
- **国家主権等の侵害**に対する武器の使用を含む一切の措置（第22条）

**第四章**　**海上行政法執行**（第23条～第37条）
- 治安、密輸、資源開発、漁業等の分野の監督検査、処罰等の**行政措置**（第23条）

**第五章**　**海上犯罪捜査**（第38条～第45条）
- 捜査権行使（第38条）

**第六章**　**警備用器具及び武器の使用**（第46条～第51条）
- 強制措置を行う場合や職務執行の妨害を受けた場合等における**武器等使用基準**（第46条～第51条）

日本船舶等に対して、武器を使用する可能性（第22条・第六章を指す）

**第七章**　**保障と協力**（第52条～第62条）

**第八章**　**国際協力**（第63条～第65条）

**第九章**　**監督**（第66条～第72条）

**第十章**　**法律責任**（第73条～第77条）

**第十一章**　**附則**（第78条～第84条）
- 中央軍事委員会の命令に基づき**防衛作戦等の任務**（第83条）← 軍としての活動を行う可能性

織体制・人事の両面で海軍との連携を強めています。

4つ目は根拠法の施行です。

2021年2月、海警が活動する根拠法である「海警法」が施行されました。根拠法もなしに国の機関が活動できるというのもいかにも中国らしいのですが、それはさておき、中国は海警の活動に法的根拠を与え、その活動、権限を強化しました。

もっとも、この海警法には国際法上疑義のある規定・条文も見受けられます。

たとえば、海警法が適用されるのは中国の「管轄海域（及びその上空）」とされていますが、その肝心の「管轄海域」がどこまでの地理的範囲を指しているのかは定義されていません。これは、中国が本来管轄権を行使できない「九段線」（南シナ海で中国が「歴史的権利」を主張している独自の境界線）などの海域においても海警の活動を担保するため、あえて不明確にしたともみられています。

また、海警法第21条は外国の軍艦・公船に対する強制的措置を定めていますが、これも国際法違反の疑いが極めて大きい条文です。

「海の憲法」とも称される国連海洋法条約では、軍艦が領海内において沿岸国の通航に関する法令を遵守せず、その要請を無視した場合には、沿岸国は軍艦に対してただちに領海からの退去を要求できると定められています（第30条）が、強制的な措置をとることができるとの規定はありません。逆に、軍艦・公船が旗国以外の全ての国の管轄権から免除されている（第32条、第95条、第96条）旨規定されており、一般的に軍艦・公船に対し強制的な措置をとることは許されません。

この他、武器の使用規定（第22条、第6章）も国際法違反の疑いが濃厚な条文です。

このように中国政府が海警をハード・ソフトの両面で「法の支配」の価値観に基づかない独自の解釈とルールに基づく力による一方的な現状変更を推し進めているという事実をまず認識し、警戒しなければなりません。

## もはや海保では海警に太刀打ちできない？

近年、海警が急速に勢力を拡大しているのは日本にとって間違いなく脅威です。

日本のメディア等でも「すでに海警は性能的にも数量的にも海上保安庁を圧倒的に上回る船

舶・武器を保有している。しかも海軍と連携して軍事訓練までしているから事実上の軍隊だ」という論調でやや煽り気味に報じられることもありますので、もはや海上保安庁では海警に太刀打ちできないと感じている方もいらっしゃるかもしれません。

しかし、あくまで本書執筆時点（2023年12月）での話ですが、海上保安庁の巡視船が海警に比べて見劣りするかというと、正直なところまったくそうは思いません。

確かに海警の船舶は大型化・武装化し、隻数も増やしていますが、実際に武器を搭載している船はそのうちの何割かです。全ての船に武器が搭載されているわけではありません。一方、海上保安庁の巡視船は全ての船に武器が搭載されています。

武器の大きさを比較すると、海警の最大の武器は76ミリ機関砲、海上保安庁の最大の武器は40ミリ機関砲なので、海警のほうが威力の大きい武器を搭載しているのは確かです。そのため、「40ミリでは76ミリには到底敵わない」という論調で語られることも多いのですが、実はそうとは言い切れません。これは専門家でも意見が分かれるようですが、私は経験上、40ミリ機関砲のほうが〝強い〟と思っています。その理由については機密に関わることなので詳しくは語れません。

ただ、事実だけ述べておくと、実は海上保安庁も以前は76ミリ機関砲を搭載した巡視船を持っていましたが、ある時期から76ミリをやめて現在では40ミリを使っています。これを庁法25条と関連付けて「庁法25条があるから〝非軍事〟の海上保安庁は強力な76ミリ機関砲を持てなくなった」と誤解している方もいますが、そういうわけではありません。

40ミリが海上保安庁にとってベストだという結論にいたったので、40ミリ機関砲を使っているのです。

武器にしろ、船舶にしろ、一部の性能だけを比較して議論してもあまり意味はない（地に足のついた議論にはならない）と思います。

## 海警は〝軍隊〟だから海保よりも強い？

「海警は法執行機関だが軍事訓練を受けているから事実上の軍隊だ。有事の際には軍事活動を行う軍隊にもなれる。非軍事機関の海上保安庁では到底敵わないのではないか」という意見もありますが、それにも根拠はありません。「何となくの印象やイメージ」です。

これまで海上保安庁は実際に尖閣で海警と対峙し、互角以上に渡り合ってきました。それなのに、なぜ海警が軍隊の看板を掲げたとたんに、海上保安庁が負けることになるのでしょうか。問題は、海警が軍隊か否かではなく、実際に〝強い〟かどうかです。

たとえ海警が「事実上の軍隊」だとしても、特別強力な武器を保有しているわけではありません。第三章でも述べましたが、法執行機関が保有する武器は「犯人の抵抗を抑止するための武器」もしくは「逃げていく船を止めるための武器」です。海警船が「元軍艦」だからといって、対艦ミサイルのような強力な武器を搭載しているわけではありません。せいぜい76ミリ機関砲です。

少なくとも現在の海警の装備を見る限り、海上保安庁で十分に対応できると思います。有事下で海警が現状の装備のまま軍隊の看板を掲げ、「俺たちは今から軍艦だ！」と宣言したところで、法執行機関にはできないような特別強力な戦い方が突然できるわけでもありません。海上保安庁としては、海警が軍隊の看板を掲げていようと、法執行機関であろうと、やるべきことは同じです。

このように書くと、有事の際に海上保安庁は海警と一戦交えるつもりなのかと誤解されるかもしれませんが、何度も言うように「戦闘」は有事下においても海上保安庁の任務ではありません。海上保安庁がやるべきことは、自衛隊をはじめとする関係機関と連携・協力しながら国民の命を守ること（国民保護措置）です。海警と戦って勝つことではありません。

当然、有事下でも海上保安庁のほうから海警に攻撃を仕掛けるようなことはありませんが、仮に海警から攻撃を受ければそれを防ぐための必要な対応はとることになります。

たとえそのような事態になったとしても、現状の両者の勢力・実力を比較する限り、海上保安庁がなすすべもなく海警に負けてしまうとは到底思えない、というのが私の意見です。

## 海警の成長にいちばん貢献したのは海保？

もうひとつ誤解のないようにお断りしておくと、私はけっして「海警など恐るるに足らず」と言っているわけではありません。

繰り返しますが、近年の海警の急速な勢力拡大は間違いなく脅威です。

船舶の数を増やし、武装化・大型化するなどのハード面の実力のみならず、実は、操船技術などソフト面の実力も以前と比べて着実に伸ばしてきているのです。

尖閣諸島国有化で海警の活動が活発化し始めた2012年、私は領海警備対策官というポストに就いていましたので、まさに尖閣の最前線で海警と丁々発止のやり合いもしました。

当時、現場で海警と対峙して私が抱いた率直な感想は「この程度なら勝てる」でした。

詳細は語れませんが、たとえば操船技術ひとつとっても、海上保安庁のほうが圧倒的に海警を上回っていたからです。当時の海警の操船技術は海上保安庁の足元にも及びませんでした。加えて、あの頃は船舶の性能でも海上保安庁の巡視船のほうが上回っていたと思います。海上保安庁側に十分余裕のある状況だったというのが私の感覚でした。

しかし、現在の海警はもはや当時とは違い、ハード面の強化とともに、操船技術が格段に向上しています。

勢力のみならず能力の面でも、今となってはけっしてあなどれない相手になってしまいました。

実に皮肉な話なのですが、海警側も海上保安庁と長年やり合っていく中で、どんどん操船がうまくなっていったのです。結果的に海上保安庁が海警に操船技術の稽古をつけたような形になってしまいました。冗談ではなく、海警をいちばん育てたのは海上保安庁じゃないかというジレンマすら感じます。

以前の海警は時化《しけ》をしのぐための荒天航法という操船技術を身に付けていなかったようで、時化の予兆があるとすぐに帰っていきました。そのため、年間の接続水域内確認日数も前述の通り4～5割程度でした。

しかし、今では時化でもちゃんと尖閣周辺の海域に留まれる操船技術を身に付けたことに加えて、船舶の大型化や組織体制の強化もあって、海警が帰ることはなく、ほぼ毎日接続水域内を徘徊している状況になったというわけです。

ちなみに、以前は海警船が帰ってからも海上保安庁の巡視船は尖閣周辺の海域に留まり、さまざまな訓練を行っていました。しかし、海警が帰らなくなったことから、その訓練の時間を確保することが難しくなってしまったのです。

これは実はなかなか困りものです。現場配備とは別枠で新たに訓練時間を設けなければならない上に、その訓練によって現場に空白が生じないよう、応援の船艇も必要になるからです。海警が尖閣周辺から帰らなくなったことで、海上保安庁側は訓練時間の確保や船艇運用の面でも苦労する状況になっています。

## 「クレイジー」と賞賛された海保の実力

ところで、海上保安庁の実力、特に他国のコーストガードと比較した実力については国民の皆さんにあまり知られていないと思います。

過大評価ではなく、いまや海上保安庁は世界トップクラスの実力と実績を築いています。総合能力的に海上保安庁を上回るコーストガードは世界にそうありません。

操船技術はもとより、海上での犯人逮捕、海賊対応、海難救助、流出油の処理など海上保安に関する幅広い分野で世界トップレベルの能力を有しており、多くのコーストガードにキャパシティ・ビルディングを行う指導者、つまり教える立場となっています。

もちろん、アメリカ沿岸警備隊は世界に冠たる実力を備えた組織ですが、その彼らからも海上保安庁の実力は極めて高く評価されています。

現在、アメリカ沿岸警備隊とは前述したように「サファイア」という名称で合同訓練をやっています。その合同訓練において、海上保安庁がゴムボートで犯罪容疑船舶を挟撃して捕まえるという操船技術を披露した際、アメリカ沿岸警備隊の職員は「クレイジー」という最大級の褒め言葉を発しました。「海上保安庁はこんなことをやるのか!?」と驚いたのです。もっとも、アメリカ沿岸警備隊の場合、こうした対応のリスク（接触による転覆等の事故など）を取るよりも、武器の使用が選択されるでしょう。海上保安庁は武器の使用を厳格な基準のもとで運用しているので、逆にそういう技術が自然と身に付き、洗練されていったのです。

香港の活動家らを乗せた啓豊二號

尖閣諸島上陸後に逃亡を図る啓豊二號を両側から挟んで動きを止める２隻の巡視船
出典：『海上保安レポート2013』

海上保安庁の高い能力は、訓練だけでなく現場でもしっかりと発揮されています。

２０１２年８月に香港の活動家らが尖閣諸島・魚釣島への不法上陸を強行する事件があった際には、海上保安庁の巡視船２隻が逃げていく活動家船舶（啓豊二號）を両側から挟んで動きを止めたことがありました。

操船に詳しい人が見れば、これはまさに〝神業〟というしかありません。

海上保安庁のこうした技術・能力は各国のコーストガードからも極めて高い評価と称賛を得ています。

## 合言葉は「冷静かつ毅然と」

海上保安庁が現在尖閣で行っている領海警備の基本方針は、常に相手を上回る勢力で冷静かつ毅然と対処するということです。

勢力については、もちろん状況にもよりますが、現場の海警船にはマンツーマンプラスアルファ（1対1もしくは1対2など）の対応を原則とし、お互いの船舶の性能その他さまざまな要素を考慮しながら運用しています。

たとえば海警側に応援の勢力が来るかもしれないので、それに対する備えの勢力も用意しておく。マンツーマン対応で抜けられた時には上陸されるおそれもあるので、万が一抜けられても直近で防げるように備えておく。あるいは、日本の漁船や調査船が周辺海域にいる場合には、彼らを守るための勢力もしっかりと用意しておく――そういう具合に、目の前にいる海警船はもちろん、それ以外の要素にも細心の注意を払っています。

また、当然ながら、相手の挑発にも乗ってはいけません。海上保安庁が領海警備する重要な要素は事態をエスカレートさせないことです。「冷静かつ毅然と」を合言葉に、偶発的といえども衝突するようなことが起こらないよう現場を厳しくコントロールしています。

一方、現場では海警側とお互いに無線で警告し合うような状況も頻繁にありますが、その際も一歩も退かない姿勢で臨んでいます。たとえば海警側が無線で「貴船は我が国の領海に侵入した。ただちに退去せよ」と警告してきても、海上保安庁側は「尖閣諸島は日本の領土であり、ここは日本の領海である。貴船の主張は受け入れられない」と言い返します。

ここからお互い「ここは我々の海だ」と同じ主張を何度も繰り返していくことになるのですが、その際に徹底しているのは、必ず最後は日本側の主張で閉めるということです。

一見、子供のケンカのように見えるかもしれませんが、海警側の主張に反論しない形で終わってしまうと、後に中国が何を言ってくるかわかりません。たとえば「我々の主張に言い返してこなかったということは、日本側も尖閣が中国の領土だと認めたということだ」などと言われかねないわけです。

そういう事態も考慮して、最後は必ず日本側の主張で閉めるようにしています（最後は海警側がしびれを切らして電光掲示板による警告に切り替えるのが通例のようです）。

## 中国は「与しやすい相手」には強気に出る

海警と対峙する際に何より重要なのは、中国側に「この程度の相手なら勝てるぞ」と思わせないことです。

中国は、与《くみ》しやすいと思った相手に対しては強気な行動に出てきます。

実際、南シナ海で中国と領有権問題を抱えているフィリピンやベトナムのコーストガードは、これまで海警の強硬な姿勢による被害を受けてきました。

最近の例では、２０２３年8月にはフィリピン沿岸警備隊が海警に放水銃を使用され、さらに10月にはわずか１ｍという距離に異常接近されて航行を妨害されています。また、２０１４年にはベトナムの海上警察の船舶も海警から放水や体当たりの攻撃を受けました。被害を受けているのはコーストガードの船舶だけではなく、過去には南シナ海で操業中のベトナム漁船が海警船に体当たりされて沈没するといった事案も何度か発生しています。

中国からすると、フィリピンやベトナムの軍事力、海上保安機関の能力は脆弱《ぜいじゃく》なので、与しやすい相手なのでしょう。だから海警も遠慮することなく「力による現状変更」を強引に推し進めることができるのだと思います。

一方、海警が尖閣周辺で南シナ海と同じような行動に出ないのは、今のところ日本の海上保安庁を「簡単に勝てる相手」とは見ていないからだと思います。もちろん、海上保安庁だけでなく、海上自衛隊や日米同盟の存在も意識しているに違いありません。

本気でやりあえば自分たちも大きな被害を受けるかもしれない。もしかすると勝てないかもしれない――中国側もそう思っているからこそ、南シナ海における東南アジア諸国に対するような強硬な姿勢では臨めないのです。

当然ながら、日本の安全保障を担保するには、今後もしっかりとこの状態を守り抜いていく必要があります。

## 「人と金のことは言うな」という悪しき組織文化

では、近年急速に力をつけてきた海警に対して、海上保安庁側の勢力強化は十分だったのでしょうか。

正直なところ、十分とは言えない状況にありました。

船舶の燃料費すら当初の予算では賄うことができず、毎年補正予算で不足分を補って何とか食いつないできたという有様でした。

また、尖閣国有化以降しばらくは、休日出勤のような形でローテーションを組まないと現場が回らないほど人手不足にも悩まされていました。保有する大型巡視船の隻数の伸び率も、海警に比べて圧倒的に低いのは先に見た通りです。

もっとも、こうしたヒト・モノ・カネの不足は尖閣問題を機に始まったわけではありません。海上保安庁は昔から必ずしも十分な予算がある役所ではありませんでした。

私がまだ若手の海上保安官だった30～40年前には、海上保安庁内には「人と金のことは言うな」という不文律がありました。要するに、「人が足りない」「金が足りない」と口にしてはいけないということです。

これは悪《あ》しき組織文化です。

実際、歴代長官が視察の際、現場の職員に「何か不足して困っていることはないか」と尋ねても、みんな口を揃えて「ありません。大丈夫です」と答えるので困ってしまうという笑い話のような話がありました。私が長官の時にはずいぶん改善されていたような気がしますが、それでも、そうした気質は残っていたような気がします。

ただ、霞が関に勤務している海上保安官は、現場と霞が関を交互に勤務していますから、現場が苦労している実態や必要とされているものは大体把握しています。このため予算要求に困ることはなく、あとは如何に予算を獲得するかという問題です。

## 予算増額で海保の体制を強化

実は、こうしたヒト・モノ・カネ不足の問題も今後は改善されていくことが期待できます。第一章で述べた通り、今後海上保安庁の予算が大幅に増額されていくからです。

海上保安庁の令和5（2023）年度予算は、前年12月に決定された新たな国家安全保障戦略を踏まえた「海上保安能力強化に関する方針」（海上保安能力強化に関する関係閣僚会議決定）を受けて、過去最大の金額及び増額（前年度予算より200億増）になりました。しかも、令和9（2027）年度当初予算を令和4（2022）年度水準の2231億円からおおむね1000億円程度増額、つまり、5年間にわたり毎年平均200億円増額されることが決まっています。

また、「海上保安能力強化に関する方針」では、巡視船・航空機等の大幅な増強整備などのハード面の取り組みに加え、新技術の積極的活用や、警察、防衛省・自衛隊、外国海上保安機関等の国内外の関係機関との連携・協力の強化などのソフト面の取り組みも推進することにより、海上保安業務の遂行に必要な6つの能力（海上保安能力）を一層強化するものとし、そのための体制や運用の強化のための所要の経費・定員の確保を行うとしています。

ここで言及されている「海上保安業務の遂行に必要な6つの能力」とは、次の通りです。

①新たな脅威に備えた高次的な尖閣領海警備能力

②新技術等を活用した隙のない広域海洋監視能力
③大規模・重大事案同時発生に対応できる強靭な事案対処能力
④戦略的な国内外の関係機関との連携・支援能力
⑤海洋権益確保に資する優位性を持った海洋調査能力
⑥強固な業務基盤能力

実はこれ以前には、2016年の「海上保安体制強化に関する方針」（海上保安体制強化に関する関係閣僚会議決定）に基づき「尖閣領海警備体制の強化と大規模事案の同時発生に対応できる体制の整備」「海洋監視体制の強化」「原発等テロ対処・重要事案対応体制の強化」「海洋調査体制の強化」「基盤整備」という「5つの柱」が設定されていました。この「方針」が昨今の厳しい情勢を踏まえ、新たな国家安全保障戦略等の策定に合わせて見直されることになり、新たに④の「戦略的な国内外の関係機関との連携・支援能力」が追加されていますが、これは海上保安庁がこれまで行ってきたキャパシティ・ビルディングや多国間連携等の国際業務が必要な「海上保安能力」として政府にしっかりと認識されたということでしょう。

## 海上保安体制強化に関する方針

我が国周辺海域の情勢を踏まえ、平成28年に「海上保安体制強化に関する関係閣僚会議」において決定された「海上保安体制強化に関する方針」に基づき、5つの柱による海上保安体制の強化を推進

【5つの柱】

1　尖閣領海警備体制の強化と大規模事案の同時発生に対応できる体制の整備
2　海洋監視体制の強化
3　原発等テロ対処・重要事案対応体制の強化
4　海洋調査体制の強化
5　基盤整備

**昨今の厳しさを増す情勢を踏まえ、新たな国家安全保障戦略等の策定にあわせて、「方針」の見直しを実施**

## 海上保安能力強化に関する方針

巡視船・航空機等の大幅な増強整備などのハード面の取り組みに加え、新技術の積極的活用や、警察、防衛省・自衛隊、外国 海上保安機関等の国内外の関係機関との連携・協力の強化などのソフト面の取り組みも推進することにより、海上保安業務の遂行に必要な6つの能力（海上保安能力）を一層強化

そのため、体制や運用の強化のための所要の経費及び定員の確保を行う（※1）

（※1）令和9年度における海上保安庁の当初予算額を令和4年度の水準からおおむね0.1兆円程度増額

### 【強化すべき６つの能力】

**①新たな脅威に備えた高次的な尖閣領海警備能力**

・中国海警船の増強、大型化・武装化への対応
・警察、防衛省・自衛隊等との連携強化等による効果的・効率的で持続性の高い対処力構築

**②新技術等を活用した隙のない広域海洋監視能力**

・無操縦者航空機と飛行機・ヘリコプターを効率的に活用した監視体制構築
・衛星、AI等の新技術活用 等

**③大規模・重大事案同時発生に対応できる強靱な事案対処能力**

・テロ脅威、多数外国漁船、大規模災害等への対処
・大規模・重大事案同時発生の対応体制構築

**④戦略的な国内外の関係機関との連携・支援能力**

・警察、防衛省・自衛隊等との連携強化（統制要領策定・共同訓練を含む）
・外国海上保安機関等との連携・諸外国への能力向上支援 等

**⑤海洋権益確保に資する優位性を持った海洋調査能力**

・測量船、測量機器等の整備・高機能化
・取得データの管理・分析、対外発信力の強化 等

**⑥強固な業務基盤能力**

・人材確保・育成、定員の増員、教育施設拡充
・サイバー対策
・基地整備、運航費確保、老朽代替 等

海上保安能力強化に関する関係閣僚会議（令和4年12月16日）の配布資料をもとに作成

## 予算不足で後回しにされた代替船の建造

前述のヒト・モノ・カネ不足の問題についても⑥の「強固な業務基盤能力」でカバーされているので、今後はこの方針に基づいてどのようにバランスをとりながら海上保安庁の体制を強化していくのかに注目したいところです。尖閣問題に追われて後回しにされていたような分野にもしっかりとお金を回していってほしいと思っています。

たとえば、既存巡視船艇代替整備です。これまでは尖閣問題に対応する巡視船を増強することを優先してきたので、代替船の建造にまでは手が回っていませんでした。

船は本来20～25年ほどで代替（古い船舶を処分してその代わりとなる新しい船舶を建造すること）をしていかなければなりません。しかし、尖閣対応の巡視船の増強費用に予算の大半を使ってきたため、代替に回せる費用がなく、たとえば本当は20年で代替しなければならない船を30年間使用していたというケースもありました。

実はそういう船こそ、海難救助等で日本国民の命を直接的に守っている船なのです。

つまり、尖閣には派遣されないけれど、地元の海難救助等で活躍するような船舶の代替が、予算不足のためにこれまでずっと後回しにされていたということです。

尖閣対応の船舶の勢力増強に比べるとあまり華やかではありませんが、そうした各地の海難救助で活躍する船舶にもお金を回していかなければ海上での国民の安全・安心を守ることはできません。

## 予備の部品がなくて災害時に航空機を飛ばせない!?

国民の安全・安心をしっかりと守っていくためには、船だけでなく航空機についてもしっかりと手当していく必要があります。

燃料費とともに意外と金額が大きいのが修繕費です。この2つを我々は日本の食卓の必需品にちなんで「米味噌」と呼んでいます。

車の車検と同様、海上保安庁が保有する船舶や航空機もやはり定期的にメンテナンスしなければなりません。特に飛行機は国産のものが存在しないので、必要な部品なども全て海外に発注することになります。

整備中のガルフ（大型ジェット飛行機ガルフV）

整備中のサーブ　（中型飛行機サーブ340）

外車の修理をイメージすると何となく想像がつくかもしれませんが、これが大変不便です。

　トラブルが起こってから外国に部品を発注していたのでは時間がかかってしまいます。必然的に稼働を止める時間も長くなってしまい、効率も良くありません。その機体の本来のパフォーマンスが最大限に発揮できなくなります。

　もちろん、そうならないための理想は全ての予備品を用意しておくことです。そうすれば壊れたタイミングですぐに修理ができます。

　しかし、膨大な数の全ての予備品を揃えておくというのは、予算や倉庫の都合等から現実的ではありません。実際は部品に優先順位をつけて予備品をストックしておくことになりますが、それでもやはり予備品のない箇所が壊れるケースはどうしても出てきます。その結果、飛行機やヘリコプターを1~2カ月飛ばせないという事態も起こりえます。もしそれが大規模災害時と重なってしまうと大変なことになります。そのため、私が現役時代もできるだけ予備品には幅を持たせるようにしていました。

ヘリコプターや飛行機の稼働率を上げて効率的に運用していくには、このメンテナンスの問題も改善していかなければなりません。もちろんこれも「強固な業務基盤能力」に含まれている分野なので、今後の改善に期待したいところです。

## 〝がんばりすぎる〟くらい士気が高い

さて、モノやカネももちろん大切ですが、強固な体制づくりに欠かせないのはやはりヒトです。こういう言い方をするとお叱りを受けるかもしれませんが、愛知県を管轄する警察官の人数と、世界第6位の広さの排他的経済水域を管轄する役所の人数がほぼ同じ約1万4000人というのはやはり少なすぎます。

しかも、海上保安庁の業務は、海上における警察活動や領海警備だけでなく、海難救助、自然災害への対応、海洋環境の保全、海洋調査、海洋情報の収集・管理・提供、船舶交通の安全確保、キャパシティ・ビルディングや国際会合の運営など多種多様です。

あくまでも私の個人的な感覚ですが、守っている海の広さと、任務の守備範囲の幅広さを踏まえれば、現在の倍くらいの人員は欲しいところです。

人数が少ないながらも今まで何とかやってこられたのは、やはり個々の海上保安官たちのがんばりによるところが大きいと思います。「量的な不足を技術や工夫などの質の面でカバーしてきた」と言えば聞こえはいいのですが、ある意味それは日本の組織にありがちな〝危うさ〟でもあります。一歩間違えれば「モノやカネが足りなくてもみんなで努力すれば何とかなる。気合と根性で乗り越えろ！」という精神論的な発想にもつながりかねません。

実際、現場の海上保安官たちは今も昔も非常に高い士気を持って業務に臨んでいます。もちろん、その姿勢自体は素晴らしく、頼もしい限りなのですが、指揮をする立場の人間がしっかりと彼らの労働状況を管理しないと、想定以上に〝がんばりすぎてしまう〟傾向があるのです。ヒト・モノ・カネの不足が常態化していたので、ついつい我慢や無理をしてしまうクセが組織文化として定着していったのかもしれません。

こうした問題を解決するためにも、人材の確保は海上保安庁にとって最重要課題のひとつです。ありがたいことに、少子高齢化の中でも毎年募集人員の何倍もの応募があり、高い意識を持って海上保安官を目指してくれる人が少なくありません。尖閣問題の報道等が過熱すると、海上保安庁が「危ない仕事」と世間に認識され、応募が減ってしまうことも危惧されましたが、今のところその影響はあまりなさそうです（少なくともはっきりと数字には表れていません）。むしろそれによって海上保安庁の知名度があがり、やりがいのある仕事だと感じてくれた人も多いので、プラスに作用している面もあると思います。

実際、海上保安大学校の学生たちは意識が高く、私が前長官として講演した際にも、非常に熱心に話を聞いてくれました。講演では本書で述べているような海上保安庁の役割や法執行機関の緩衝機能などの話をしたのですが、質問のレベルが非常に高くて驚いたことを覚えています。時間の都合でこちらが省略したような内容まで質問によって見事に掘り起こされました。日頃から勉強していないとそんなことはできません。

このように今後は、モノ・カネとともにヒトも充実していくことが期待できますから、私は海上保安庁の未来に希望を持っています。

## 海保は「霞が関の異端児」

ここまであまり紹介できませんでしたが、海上保安庁には良い組織文化ももちろんあります。一般的な官庁とは大きく異なるところがあるので、私は現役時代から常々、海上保安庁のことを「霞が関の異端児」だと思っていました。今でもよく講演等では海上保安庁の組織文化をそう表現して紹介しています。

私が最も気に入っているのは「意思決定するまでは役職に関係なく自由にものが言える」という環境です。これは私が若手の頃からそうでした。

もちろん海上保安庁は厳格な縦社会の規律官庁（制服官庁）です。そのため、意思決定後はそれに従うというのが大前提ですが、意思決定の前ならどんな若手でも自由にものが言える雰囲気があります。

特に問題に対していろいろなアプローチの仕方がある場合、みんなそれぞれに自分の意見を言い合います。時には先輩方（大先輩も含む）にも意見することになりますが、それに対しては誰も怒りません。多少生意気なことを言っても許されます。おそらく他の役所、とりわけ規律官庁にはなかなかない環境ではないでしょうか。

私も若手の頃からかなり自由にものを言ってきましたが、お叱りを受けたことはもちろんなく、自由に議論に参加させてもらいました。こうした環境がなければ、生意気だった私が長官になることはおそらくなかったと思います。

この組織文化の素晴らしさは、長官になってからも実感しました。

長官室というのはさすがに係長クラスだと入室することさえ躊躇してしまうような場所です。しかし、そんな長官室でも、係長クラスの職員が諸先輩を前に、まったく臆することなく長官である私と受け答えをする、そんな光景すらありました。そのような光景を目にするたびに、私は、頼もしさと嬉しさを感じていたものです。

## 船長の性格まで作戦に組み込む

もうひとつ、私が素晴らしいと思っている海上保安庁の組織文化は、〝霞が関〟と現場が常に一心同体で動いていることです。

先にも述べましたが、霞が関勤務の海上保安官は、現場と霞が関を交互に勤務しています。そのため、霞が関での意思決定が現場に到達するスピードも、現場の相談事が霞が関に上がってくるスピードも圧倒的に早いという〝強み〟があります。

また、霞が関でも「こんな指示の出し方では現場が回らない」「この指示の出し方なら現場が動ける」といった具合に、常に現場のことを考えながら政策立案をしています。霞が関だけでカッコのいいことや聞こえのいいことを言って、「あとは現場が勝手に考えて何とかしてくれるだろう」という現場まかせの発想ではありません。霞が関も現場もみんなが「我が事」の意識で業務にあたっています。

私が長官時代に非常に頼もしいと感じたのは、霞が関でも現場でも海上保安庁の職員が誰ひとり「指示待ち」ではないことです。

海難救助でも犯人逮捕でも、最初のブリーフィングが終われば、みんな自分の役割を把握して、阿吽《あうん》の呼吸で一斉に動き出します。受け身の姿勢で誰かが指示を出してくれるのを待っているということはありません。見ていて気持ちがいいくらいみんな自主的に動いてくれます。「いま何をやるべきか、そのために自分はどう動くべきか」を一人ひとりが明確にわかっているのです。

一方、霞が関にいる職員も現場の職員のことをよく知っているので、巡視船によるさまざまなオペレーションを実施する時でも、各船長の能力や技術だけではなく、性格まで踏まえて作戦を立てることができます。

小さな組織内で学生時代からずっと一緒に飯を食ってきた仲間同士だから、お互いの性格まで把握しているのです。大型船の船長ともなると限られた人数しかいないので、能力的にも性格的にもそれぞれどういう特徴を持った船長なのか、霞が関の幹部クラスの間で認識を共有できています。

このように船長の個々人の性格まで把握した上で、きめ細かいオペレーションができるのも海上保安庁の〝強み〟でしょう。

## 海上保安庁に米軍がアプローチ

海上保安庁は近年、インテリジェンスの面でも重視されるようになってきました。第一章でも少し触れましたが、現在は内閣情報調査室を中心とする内閣のインテリジェンス体制「情報コミュニティ」にも参加しています。

尖閣問題は日本の安全保障の一丁目一番地です。その最前線で活動している海上保安庁の情報が政府の意思決定にとって重要でないわけがありません。

一般的にインテリジェンス情報とは、協力者などの人間から得た情報や公開情報などを収集・分析して政府の意思決定に役立てるものですが、当然ながら様々な情報の中には、ソースが不確かなものや、信用できないものもあります。

一方、海上保安庁が政府にもたらす情報は、今まさに自分たちが尖閣の現場で直面している事実をもとに分析したものです。協力者の証言や現地のマスコミ報道などといった、間接的な情報をもとに分析しているわけではありません。

海上保安庁の巡視船が尖閣の最前線で目にしている光景は全て価値のある情報です。それらを収集・分析した結果、注目すべき情報がアウトプットされることもあります。

そのようにして得られた海上保安庁のインテリジェンス情報（生の情報を収集・分析して得られた知見）は、政府内で重要視されるだけでなく、国外から注目されることも珍しくありません。特にアメリカ（米軍）はさすがと言うべきか、尖閣問題がクローズアップされた直後から敏感に反応し、海上保安庁と接する機会を増やしてきました。尖閣を最前線で守っている海上保安庁の情報に興味と感心を持ち、積極的にアプローチしてきたのだと思います。また、海上保安庁がどういうスタンス、考え方で領海警備に臨んでいるかもアメリカにとっては重要な関心事であったに違いありません。

先に見た海上保安庁の強化すべき6つの能力の中には「新技術等を活用した隙のない広域海洋監視能力」があり、2022年10月からは無人機「シーガーディアン」の運用もスタートしました。さらには、次世代の衛星と人工知能（AI）等の新技術を活用した情報収集・分析能力の強化も進められていく方針です。

今後はインテリジェンスの面でも、海上保安庁が日本の安全保障に果たす役割はますます大きくなっていくと思います。

## 海警船を実力行使で尖閣から追い払うとどうなる？

尖閣諸島は日本の領土です。

だからこそ、海上保安庁は、尖閣周辺で日本漁船が操業できるよう、しっかりと彼らをガードしています。

もっとも、これに関しては「日本漁船を尖閣の領海内で操業させることが本当に日本の国益につながっているのか？　実は国益を損じているのではないか？」という議論があるのも事実です。

つまり、こういうことです。

日本漁船が尖閣周辺で操業すると、中国側は自国の領海で外国漁船が勝手に漁をするのが許せないのでそれを阻止しようとする。そこに日本の巡視船が割って入り、日本漁船が漁を終えるまでしっかりとガードする。その結果、海警船の領海侵入の時間も長くなる——そういう現実がまず前提としてあります。

それを踏まえた上で、日本漁船を操業させることが国益につながると考える人たちは「尖閣で操業させなかったらもはや日本の領海とは言えない。尖閣の領海内で経済活動を行うのは尖閣の有効支配を強化することであり、大切なことだ」と訴えます。

一方、「尖閣周辺で、無理に操業しても海警船に領海侵入される時間が長くなるだけだ。それは有効支配が損なわれることであり、結果的に国益を損じているのではないか」という考えの人たちもいます。

どちらの言い分も一理あり、非常に難しい問題だと思います。

ただ、海上保安庁としては、日本の漁船が日本の領海内で操業している以上、彼らを外国の官憲に捕えさせるわけにはいきません。絶対にそんなことをさせないよう、日本漁船をしっかりとガードしています。

しかし、そういうことを言うと「日本漁船を守っているなんて偉そうに言うな！　だったらもっと強気に出て海警船を尖閣から追い払え」と批判される方たちがいます。

一見、もっともに聞こえるのですが、では、具体的に海警をどうやって追い払えばいいと言うのでしょうか。

私が考えるに、手段は2つしかありません。

ひとつは、攻撃（武器を使用）して追い払う。もうひとつは、船を接触させて押し出す「接舷規制」による対応です。

前者の場合、日本側が国際法違反だと国際的非難を受けることになるでしょう。当然そんなことはできません。

では後者、すなわち巡視船で海警船を押し出した場合はどうでしょうか。

排水量2000トン以上の大型船同士がぶつかるとどうなるか、ちょっと想像してみてください。道路でタイヤを路面に接地させている大型トラック同士が軽く接触しても車両がひっくり返る大事故になります。その何百倍もある重量物が不安定な水上で接触するわけですから、無事で済むわけがありません。極めて高い確率でどちらかが転覆するという事態になるでしょう。

どちらが転覆したとしても仕掛けたほうは国際法違反の非難を免れ得ないでしょう。

現実的な手段がないにもかかわらず、「海警船を追い払えない海上保安庁はケシカラン」と批判するのは「地に足がついた議論」とは言い難いでしょう。

私が本書を通じて訴えたかったひとつは、海上保安庁をめぐる議論に関して、しっかりと現実に即した「地に足の着いた議論」をしてほしいということです。

海上保安庁を〝軍隊〟にすべきか否か、庁法25条をめぐる議論についての私の考えはもう十分に述べたので、ここでは繰り返しません。

ただ、もう一点付け加えると、「海上保安庁は自分たちが〝軍隊〟ではないことに誇りを持っている」と批判的なニュアンスで言われることがあります。

確かに法執行機関であることに誇りを持っているのは事実ですが、正確ではありません。

我々が誇りを持っているのは、これまで日本の近海で起こってきたさまざまな問題を一度たりとも紛争に発展させなかったという〝実績〟です。

海上保安庁が非軍事組織であることも、庁法25条の存在も、その〝実績〟に必要不可欠な要素だったことは間違いないでしょう。

# おわりに

海上保安庁という組織の実態はあまり世間に知られていない。それどころか、いろいろ誤解もされている――という話を本書で繰り返し述べてきましたが、かくいう私も海上保安官になるまでは、実際に海上保安庁がどういう組織で、どういう仕事をしているのか、よくわかっていませんでした。

実は私の父も海上保安官をしていましたが、私が子供の頃に抱いていた海上保安庁のイメージは「海難救助をしている役所、たまに密漁も取り締まっている役所」でした。当時は海難事故が多く、領海警備についてはあまり話題にもなっていなかったので、「国を守っている役所」という認識はありませんでした。これは父があまり家で仕事の話をしなかったことにもよると は思いますが、このように家族に海上保安官がいても海上保安庁がどういう組織でどういう仕事をしているのかを理解されていない例があるくらいですから、世間一般の方々に知られていないのも無理からぬことかもしれません。

ところで、父が海上保安官だったと聞いて、皆さんは私が父親の背中を見て海上保安官を目指したと思われたのではないでしょうか。

実はそんな志の高いカッコイイ話ではありません。

海上保安大学校を受験する同級生がいたので、何となく一緒に受験したところ、たまたま合格した、それがきっかけでした。

このようにあまり高くないモチベーションで海上保安大学校に入ったこともあって、入学して早々に、大学を辞めようと思うようになりました。高校までは部活もしていない「自由人」だったので、大学に入って突如始まった寮での団体生活を窮屈に感じていましたし、何よりも、海上保安大学校でのスタート当初は、団体生活への慣熟と体力練成の比重が大きく、せっかく大学生になったのにあまり勉強もしない現状にも不満を感じていました。

問題は、海上保安大学校に入学したことをあんなにも喜んでくれた両親をどうやって説得するのか、ということでした。

そんなことを考えながら過ごしていたある日、大学の先輩に連れられて、先輩のゼミの廣瀬肇先生のところに挨拶に行く機会がありました。先生は海上保安大学校出身の大先輩でもありますが、この日の先生との出会いが私にとって大きな転機となりました。

私は先生から海上保安庁がどういう仕事をしているのか、その職域の広さ、海外でも活躍の機会があること、法執行機関として果たすべき役割等を教示いただき、俄然、海上保安庁に興味を持つようになりました。そして、「そんなにやりがいのある仕事なら」と心機一転し、海上保安官の道を歩み始めたのです。

今でこそ「安全保障」という切り口で海上保安庁が語られることは珍しくなくなりましたが、本書で繰り返し述べてきたように、そこにさまざまな〝誤解〟が散見されるのも事実です。廣瀬先生から教授され、また、多くの諸先輩も語る「なぜ庁法25条が必要なのか、なぜ海上保安庁に軍事活動をさせてはいけないのか」といった「日本の安全保障の大前提となる議論」も残念ながらまだ世の中に浸透していません。安全保障に関心のある方たちですら知らないのが現状です。

実は「海上保安庁を軍隊へ」という議論はこれまでも幾度もありました。最近では２０２１年の中国海警法施行の際や２０２３年の国家安全保障戦略に基づく統制要領策定の際などです。議論のたびに、私は本書で述べたようなことを主張してきましたが、その際、多くの方々から「そういう意見は初めて聞いた」と聞かされ、安全保障における海上保安庁の果たす役割、存在意義がほとんど理解されていないことを痛感しました。

「はじめに」でも述べましたが、海上保安庁が〝誤解〟されたままでは、日本の安全保障をめぐる議論そのものが誤った方向に進んでしまうおそれがあります。

当然、それは日本の国益になりません。

海上保安庁にまつわるさまざまな誤解を解いた上で、海上保安庁の果たす役割を知ってもらい、地に足の着いた国家安全保障の議論をしてもらいたい――繰り返しますが、それが本書に込めた私の大きな願いです。

日本を取り巻く安全保障環境は、北朝鮮の核開発や弾道ミサイル発射問題、ロシアのウクライナ侵攻、さらには台湾有事も現実の危機として認識されるなど、その厳しさを増しています。日本の安全保障の最前線とも言うべき尖閣諸島をめぐる情勢も台湾有事と連動し、複雑さを増すとともに不透明さを増し、なかなか先を見通すことができません。

こうしたなか、日本の安全を確保し、国民の命を守るため、日本は何を選択し、どのような道を進むべきでしょうか?

日本は、国際紛争を解決する手段として、戦争を放棄した平和国家です。

力による海洋覇権、軍事力を頼みとしたハードパワーではなく、力によらない道（ソフトパワー）を選択し、法の支配に基づく健全な海洋秩序、平和で豊かな海の実現を目指し、歩みを進めてきました。

抑止力あるいは有事を見据えての防衛力を否定するものではありませんが、日々安全保障環境が厳しさを増す今だからこそ、その歩みを止めることなく、ソフトパワーをより大きな力とするべく力強く歩みを進めるべきだと思っています。

先に、軍事機能を持たない非軍事のコーストガードである海上保安庁のことを、世界基準から外れたガラパゴスと揶揄する意見を紹介しました。そしてその意見を否定する見解も述べましたが、仮に非軍事のコーストガードが少数派だったとしても、それをもって直ちに日本は多数派に鞍替えすべきでしょうか？

平和を守り、国民の安全を守り抜くために希求すべき道は世界の大勢におもねることではないはずです。

日本が歩みを進めてきた「法の支配に基づく健全な海洋秩序、平和で豊かな海の実現」が譲ることのできない価値観、国是であるなら、それをソフトパワーで強力に推し進めること、さらには、それが仮に未だ少数派であるならば、こうした価値観を共有する国を増やし、多数派となるよう、世界をリードしていくことが必要でしょう。

日本が世界をリードするなど随分な大言壮語と感じる方もいらっしゃるかもしれません。しかし、現実はすでにその道へ歩みを進めています。

これまで見てきたように、アジア各国では、日本なかんずく海上保安庁の支援により、海上保安庁をモデルにした非軍事組織の海上保安機関を創設してきています。日本と同じ価値観を共有する海洋国が続いているのです。また、海上保安庁は、世界に先駆け「世界海上保安機関長官級会合」を開催してきています。第3回会合では全ての大陸から96もの海上保安機関等が集まり、法の支配に基づく海洋秩序の維持などの基本的価値観を共有しました。海上保安庁はこの新たな対話と協力の場をリードし、世界のコーストガードからも高い信頼を得て、今やコーストガードの中でトップクラスの実力と信用力を築き上げているのです。

日本が世界をリードできる素地はすでにできています。しかもその源泉は、ハードパワーとは明確に一線を画したソフトパワーです。この日本が誇る「平和を構築する海洋力」Peaceful Sea Power（出典：有村治子「正論」令和5年10月号）というべきソフトパワーの中核を担っているのが海上保安庁です。安全保障環境が厳しい中にあっても、法の支配に基づく「自由で開かれたインド太平洋」の実現を目指す日本にとって、非軍事の法執行機関である海上保安庁の役割は、死活的といえるほど重要です。

第1回世界海上保安機関長官級会合の議長総括の中に、海上保安機関を指す「the first responders and front-line actors」という言葉があります。常に最前線で、まっ先に対処する、こうした役割を述べたものですが、海上保安庁が、今後とも、尖閣をはじめとする現場最前線で、与えられた任務、果たすべき役割を全うし、日本の安全が守り続けられることを願っています。

最後に、本書出版の機会をいただいた株式会社ワニブックス川本悟史様、本書の構成はじめまさに二人三脚でご協力をいただいた吉田渉吾様、多くの資料の提供等ご協力をいただいた海上保安庁広報室の皆様はじめ関係者の方々に心から感謝を申し上げ、おわりとします。

2024年1月

奥島高弘

# 参考文献

●海上保安フォーラム
第1回：「海上の安全を担う海上保安庁への期待」報告書
第2回：「第三期海洋基本計画と海上保安庁の役割」報告書
第3回：「2020年東京オリンピック競技大会・東京パラリンピック競技大会の成功へ向けて〜海からの脅威と海上保安〜」報告書
●公益財団法人 海上保安協会「世界の海上保安機関の現状に関する調査研究報告書」
●廣瀬肇「海上保安庁法第25条の意義」
〈「海上保安庁統制要領」策定の意義と課題〉古谷健太郎（政策研究大学院大学連携教授／海上保安大学校教授）
https://www.spf.org/iina/articles/furuya_09.html
●「中国の海上秩序への挑戦がもたらした海上保安庁のキャパビル（能力構築支援）の新たな役割」古谷健太郎（政策研究大学院大学連携教授／海上保安大学校教授）

https://www.spf.org/iina/articles/furuya_05.html
●「第1回海上保安フォーラム、廣瀬肇海上保安大学校名誉教授基調講演『海上保安庁創設に至る背景と海上保安庁法第25条の意義』」
https://jcgmuseum.jp/wp-content/uploads/2022/08/Forum2017_11.pdf
●各年の海上保安レポート

著者プロフィール

## 奥島高弘（おくしま たかひろ）

第46代海上保安庁長官。海上保安大学校本科第28期卒業。

1959年（昭和34年）7月7日生まれ。

北海道出身。北海道小樽桜陽高等学校を経て、1982年（昭和57年）に海上保安大学校を卒業する。

海上保安官として警備救難、航行安全等の実務に携わり、政務課政策評価広報室海上保安報道官、根室海上保安部長、第三管区海上保安本部交通部長、警備救難部警備課領海警備対策官、警備救難部管理課長、総務部参事官、第八管区海上保安本部長、警備救難部長などを歴任する。

2018年（平成30年）7月31日、海上保安監に就任する。

2020年（令和2年）1月7日、海上保安庁長官に就任する。

2022年（令和4年）6月28日、海上保安庁長官を退任。

現在は、公益財団法人 海上保安協会 理事長を務める。

趣味は絵画鑑賞、ワイン、旅行、読書。

# 知《し》られざる海《かい》上《じょう》保《ほ》安《あん》庁《ちょう》
# 安《あん》全《ぜん》保《ほ》障《しょう》最《さい》前《ぜん》線《せん》

2024年2月10日　初版発行
2024年4月20日　２版発行

著者　奥島高弘(おくしま たかひろ)

構　成　吉田渉吾
校　正　大熊真一(ロスタイム)
装　丁　志村佳彦(ユニルデザインワークス)
編　集　川本悟史(ワニブックス)

発行者　横内正昭
編集人　岩尾雅彦
発行所　株式会社 ワニブックス
〒150-8482
東京都渋谷区恵比寿4-4-9 えびす大黒ビル

お問い合わせはメールで受け付けております。
HPより「お問い合わせ」へお進みください。
https://www.wani.co.jp
※内容によりましてはお答えできない場合がございます。

印刷所　株式会社 光邦
ＤＴＰ　アクアスピリット
製本所　ナショナル製本

定価はカバーに表示してあります。

ISBN 978-4-8470-7384-7